LES DOSSIERS HACHETTE

Le XIXe siècle
cycle 3

JEAN-MICHEL LAMBIN
AGRÉGÉ D'HISTOIRE

hachette
ÉDUCATION

Je remercie particulièrement **Aliette de Buffières**, professeur des écoles, qui a collaboré à cet ouvrage en écrivant les pages *À la manière de…*

Responsable éditoriale : Stéphanie-Paule SAÏSSE

Éditeur assistant : Marie LUCAS

Création de la maquette de couverture : Laurent CARRÉ et Estelle CHANDELIER

Exécution de la maquette de couverture : TYPO-VIRGULE

Illustrations de la couverture : Alain BOYER

Création de la maquette intérieure : Laurent CARRÉ et Estelle CHANDELIER

Mise en pages : TYPO-VIRGULE

Fonds matières et cadres des pages « héritage » : Nathalie DESVERSCHÈRE

Illustrations : Nathalie GUÉVENEUX (pages 11 et 22) et Jérôme BRASSEUR (page 25)

Cartes et axes chronologiques : Nathalie GUÉVENEUX

Recherche iconographique : Najiaah SCHAIK HOSSEN et Marie LUCAS

Fabrication : Nicolas SCHOTT

Cet ouvrage est imprimé sur du papier composé de fibres naturelles, renouvelables, recyclables, et fabriqué à partir de bois issu de forêts gérées de façon durable conformément à l'article 206 de la loi n° 2010-788 du 12 juillet 2010.

ISBN : 978-2-01-117433-8

AVANT-PROPOS

Pour chaque grande période historique, **LES DOSSIERS HACHETTE** répondent à un double objectif :
– faire découvrir l'histoire par l'étude de documents historiques ;
– faire revivre les traces du passé dans la France d'aujourd'hui.

Les Dossiers Hachette présentent un récit historique et un contenu scientifique adaptés aux élèves et ce, dans la perspective de la découverte et de l'apprentissage des grandes lignes de l'histoire de la France et des racines de notre civilisation.

Chaque dossier est divisé en chapitres de six pages :
– La première double page correspond à la présentation d'un personnage ou d'un fait historique essentiel (*Qu'est-ce que la Révolution française ?*, *Qui était Napoléon Bonaparte ?*, *Qu'est-ce que le « temps de l'industrie » ?*) dans son contexte spatial et temporel.
– La double page suivante, intitulée *Sur les traces de...*, permet d'approfondir les sujets étudiés, à l'aide de documents et de questions qui guident l'acquisition de connaissances et la réflexion de l'élève.
– La dernière double page, intitulée *L'héritage de...*, met en évidence des éléments du passé encore présents et perceptibles aujourd'hui. Elle permet de comprendre, à l'aide de quelques exemples simples, que le passé de la France est toujours présent autour de nous, qu'il nous parle et que nous en sommes tributaires, en particulier dans la construction de notre nation. Cette double page s'achève par un lexique contenant les définitions indispensables et par un récit chronologique, le « Carnet de route », point de départ de la mémorisation nécessaire de notre passé.

Chaque chapitre propose des documents variés : sources iconographiques et sources écrites, datées avec un maximum de précision, schémas, tableaux, cartes historiques, axes chronologiques, reconstitutions historiques, œuvres artistiques permettant de présenter quelques grands artistes.

Le dossier Le XIXe siècle est découpé en huit chapitres :
– les trois premiers sont consacrés à la période de la Révolution et de l'Empire, de 1789 à 1815 ;
– les cinq chapitres suivants sont organisés autour d'un grand thème (le « temps de l'industrie », la société du XIXe siècle...) ou d'une longue période (la France de 1815 à 1871, la consolidation de la République de 1871 à 1914...).

Tous les trois chapitres, une double page *À la manière de...* permet de :
– découvrir et vivre des situations de l'époque (s'habiller, travailler...) ;
– pratiquer des activités interdisciplinaires (rédiger, peindre...).

À la fin de l'ouvrage figurent un petit dictionnaire rassemblant tous les mots des lexiques et une frise chronologique couvrant la période 1789-1914. Deux cartes de synthèse sont proposées sur les gardes.

Jean-Michel Lambin

SOMMAIRE

Le XIXe

siècle

Qu'est-ce que la

En 1789, une révolution éclate à Paris puis dans toute la France.
Elle met fin à l'Ancien Régime puis à la monarchie.
Mais tous les Français n'acceptent pas ces bouleversements.
Une période de transformations et de troubles commence alors.

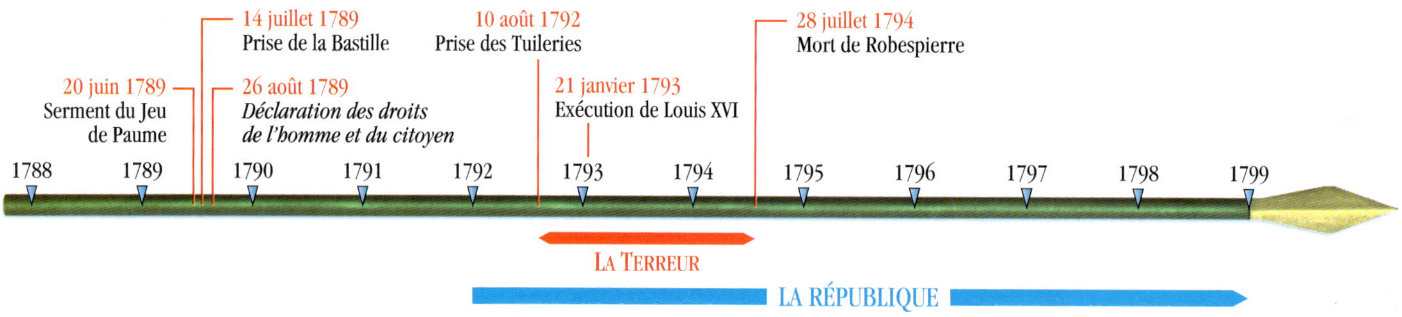

Doc. 1 Le Serment du Jeu de Paume (tableau de Jacques Louis David, XVIIIe siècle).
Le 20 juin 1789, les députés des États généraux, représentants du peuple, prêtent le serment de donner une Constitution à la France.

1. Décris la scène.

2. Comment l'artiste a-t-il montré l'accord entre tous les députés ?

Révolution française ?

Doc. 2 Une révolution du peuple à Paris : la prise de la Bastille le 14 juillet 1789 **(tableau de Jean Dubois, XVIIIe siècle).**
La Bastille est une prison où le roi peut emprisonner qui il veut sans jugement. Les Parisiens croyaient y trouver des armes et délivrer des prisonniers politiques. Il n'y avait en réalité dans cette prison que sept prisonniers dont quatre faux-monnayeurs et deux fous.

3. Décris la prison (Doc. 2).

4. Que représente la Bastille pour les insurgés ?

Doc. 3 Une révolution paysanne **(gravure anonyme, XVIIIe siècle).**
À l'annonce de la prise de la Bastille, beaucoup de paysans donnent l'assaut aux châteaux des seigneurs.

5. Rappelle ce qu'est un seigneur dans les campagnes avant 1789.
6. Qui tente d'entrer dans ce château ? Pourquoi ?

DE NOUVEAUX PRINCIPES

Article I – Les hommes naissent et demeurent libres et égaux en droits. Les distinctions sociales ne peuvent être fondées que sur l'utilité commune.
Article IV – La liberté consiste à pouvoir faire tout ce qui ne nuit pas à autrui. […]
Article VI – La Loi est l'expression de la volonté générale. Tous les Citoyens ont droit de concourir personnellement, ou par leurs Représentants, à sa formation. Elle doit être la même pour tous. […]

Extraits de la *Déclaration des droits de l'homme et du citoyen*, 26 août 1789.

Doc. 4

7. Explique ce que disent les articles I et IV (Doc. 4).

8. Qui vote la loi d'après l'article VI ?

9. Était-ce le cas avant 1789 ? Est-ce toujours le cas aujourd'hui en France ?

Un sans-culotte (gravure colorée, 1792).

QU'EST-CE QU'UN « SANS-CULOTTE » ?

Les révolutionnaires parisiens ont pris le nom de « sans-culottes » pour s'opposer aux nobles qui portaient des culottes bouffantes. Les sans-culottes portent le pantalon.

C'est un être qui va toujours à pied, qui n'a point de millions, […] point de châteaux, point de valet pour le servir […]. Il est utile, il sait labourer un champ, forger, scier, limer, couvrir un toit, faire des souliers et verser jusqu'à la dernière goutte de son sang pour le salut de la République. Comme il travaille, on est sûr de ne rencontrer sa figure ni au café, ni dans les tripots où l'on conspire […]. Quelquefois il marche avec sa pique mais, au premier bruit du tambour, on le voit partir pour la Vendée, pour l'armée des Alpes ou pour l'armée du Nord.

D'après Jacques-René Hébert, *Le Père Duchesne*, 1793.

Doc. 1

1. Quelles professions les sans-culottes exercent-ils d'après ce texte ?

2. Quelles sont les qualités du sans-culotte ?

Avocat et excellent orateur, député, **Georges Danton** (1759-1794) joue un rôle important dans la Révolution de 1792 à 1794. Il s'oppose à Robespierre qui le fait guillotiner le 5 avril 1794 (tableau anonyme, XVIIIe siècle).

Jean-Paul Marat (1743-1793) est un journaliste, très influent auprès des sans-culottes. Député souvent partisan des solutions les plus violentes, il est assassiné par une royaliste le 13 juillet 1793 (tableau de Joseph Boze, XVIIIe siècle).

Avocat, élu député en 1789, **Maximilien de Robespierre** (1758-1794) dirige la France à l'époque de la Terreur. Il élimine ses adversaires et établit une dictature, la « Grande Terreur ». Il est renversé le 27 juillet 1794 et guillotiné le lendemain (tableau anonyme, XVIIIe siècle).

Doc. 2 Les principaux chefs révolutionnaires.

3. Relève au moins deux points communs entre ces trois personnages.

4. À quelle période de la Révolution ont-ils joué un rôle important (aide-toi de l'axe chronologique, page 6) ?

Doc. 3 **Les membres des clubs** (séance au club révolutionnaire des Jacobins, gravure anonyme, 1792).
À partir de 1789, les clubs se multiplient : des hommes se réunissent et échangent des idées politiques dans d'anciens bâtiments religieux, comme le couvent des Jacobins. Ces clubs sont les ancêtres des partis politiques d'aujourd'hui.

5. Pourquoi les clubs se multiplient-ils après 1789 ?

6. À quoi voit-on que les débats sont animés (Doc. 3) ?

LES FEMMES, MEMBRES DE CLUBS

Les femmes aussi créent leurs clubs. L'une d'elles, Olympe de Gouges, rédige en 1791 une Déclaration des droits de la femme et de la citoyenne.

Article I : La femme naît libre et demeure égale à l'homme en droits. Les distinctions sociales ne peuvent être fondées que sur l'utilité commune. […]

Article III : Le principe de toute souveraineté réside dans la Nation, qui n'est que la réunion de la femme et de l'homme. […]

Article X : Nul ne doit être inquiété pour ses opinions. La femme a le droit de monter sur l'échafaud. Elle doit avoir également celui de monter à la tribune. […]

Article XIII : Les contributions de la femme et de l'homme sont égales ; elle a part à toutes les corvées, à toutes les tâches pénibles. Elle doit donc avoir, de même, part à la distribution des places, des emplois, des charges et des dignités.

Club patriotique de femmes (tableau des frères Le Sueur, XVIIIe siècle).

Doc. 4

7. Quels points communs y a-t-il entre cette déclaration et celle des droits de l'homme et du citoyen ?

8. Quels droits particuliers cette déclaration réclame-t-elle ?

L'héritage de la Révolution

Un hymne et un drapeau

La *Marseillaise* : d'abord appelée *Chant de guerre pour l'armée du Rhin*, elle a été composée en avril 1792 par Rouget de Lisle. Elle est chantée par les volontaires marseillais en 1792, d'où son nom actuel. Elle devient l'hymne national français en 1879.

Le drapeau : avant la Révolution, le drapeau de la France est le drapeau blanc (drapeau du roi). À Paris, les révolutionnaires ajoutent au blanc le bleu et le rouge, couleurs de la ville de Paris ; le drapeau de la jeune République américaine contient aussi ces trois couleurs. Le drapeau *bleu-blanc-rouge* est devenu symbole national en 1830.

Drapeau de la Garde nationale (1789-1791), district des Jacobins (gravure de Benard, XIXe siècle).

De grands principes

La Révolution a apporté de nombreux changements dans la société française :

- l'abolition des privilèges, la nuit du 4 août 1789 ;
- l'égalité en droits et l'égalité devant la loi ;
- la liberté d'expression, la liberté de la presse, la liberté de pensée ;
- le droit de propriété « inviolable et sacré » ;
- l'unité et l'indivisibilité de la République.

L'unité et l'indivisibilité de la République : un symbole révolutionnaire (gravure anonyme, 1792).

Les départements

Ils sont créés par un décret de l'Assemblée nationale le 15 janvier 1790. À l'époque, la France compte 83 départements.

Les départements en 1793.

Un échec : le nouveau calendrier

Le calendrier révolutionnaire entre en vigueur en octobre 1793. Le point de départ en est fixé au 22 septembre 1792 (1er vendémiaire an I), premier jour de la Ire République. Il comprend 12 mois de 30 jours, plus 5 jours complémentaires. Il reste en vigueur jusqu'en 1805.

La souveraineté nationale

À partir de la Révolution, le pouvoir appartient aux citoyens, à la Nation et non plus au roi seul.

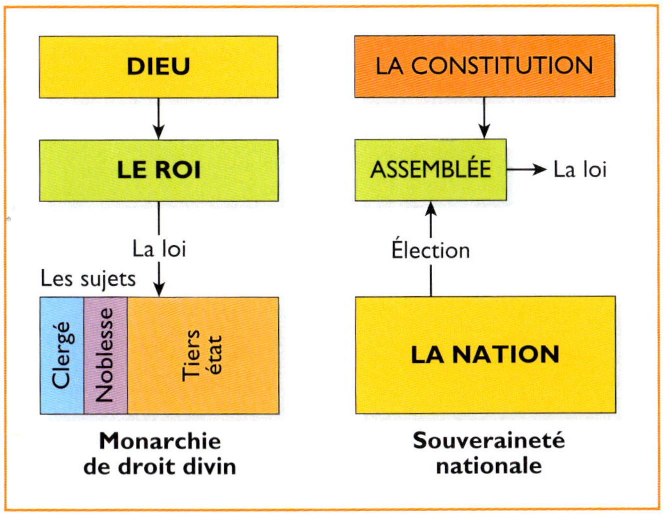

LEXIQUE

Ancien Régime : organisation de l'économie, de la société et de la vie politique de la France avant 1789.

Constitution : textes fondamentaux qui fixent les règles du gouvernement d'un pays.

Député : représentant du peuple, en général élu.

États généraux : réunion des représentants des trois ordres du royaume : le clergé, la noblesse et les représentants du peuple (le tiers état).

Monarchie absolue : monarchie où le roi exerce un pouvoir sans limites.

Nation : ensemble de personnes qui ont en commun une histoire, une langue, une culture et qui ont envie de vivre ensemble.

CARNET DE ROUTE

La Révolution de 1789

Face au mécontentement et aux difficultés que connaît la France, le roi Louis XVI réunit les **États généraux** en mai 1789. Mais il n'annonce aucune réforme.

À Paris, une grande partie des **députés** des États généraux réclament une **Constitution** et les Parisiens les plus révolutionnaires prennent **la Bastille, le 14 juillet 1789**. Le roi doit accepter une Constitution : c'est la fin de la **monarchie absolue**.

La Révolution s'étend dans les campagnes. Les nobles acceptent la suppression des privilèges : c'est la fin de l'**Ancien Régime**.

De la monarchie à la République

La France révolutionnaire entre en guerre contre l'Autriche et la Prusse. En **août 1792**, alors que l'invasion menace, le palais des Tuileries est pris par les sans-culottes. La monarchie disparaît, remplacée par **la République, en septembre 1792**. En janvier 1793, le roi est guillotiné.

Plusieurs régions de France, comme la Vendée, se soulèvent contre la République. En 1793, un régime impitoyable, **la Terreur**, est mis en place par **Robespierre**. Les « ennemis de la Révolution » ou de simples suspects sont guillotinés. Les chefs révolutionnaires sont éliminés les uns après les autres : Marat, Danton puis Robespierre.

Comment construire une France nouvelle ?

La Révolution a transformé la France : les privilèges sont abolis, l'égalité des citoyens est proclamée, une *Déclaration des droits de l'homme et du citoyen* est rédigée. Des principes nouveaux sont affirmés : le pouvoir ne vient plus de Dieu, mais de la **Nation**.

Cependant, après la Terreur, il est bien difficile de consolider **la République qui connaît à nouveau, de 1794 à 1799, le désordre et la division**.

Qui était Napoléon

Napoléon Bonaparte est né en Corse en 1769.
Général pendant la Révolution, il dirige deux campagnes victorieuses : l'une en Italie, l'autre en Égypte, de 1796 à 1799.
Il prend le pouvoir par un coup d'État en novembre 1799.
En 1804, il se proclame empereur des Français.

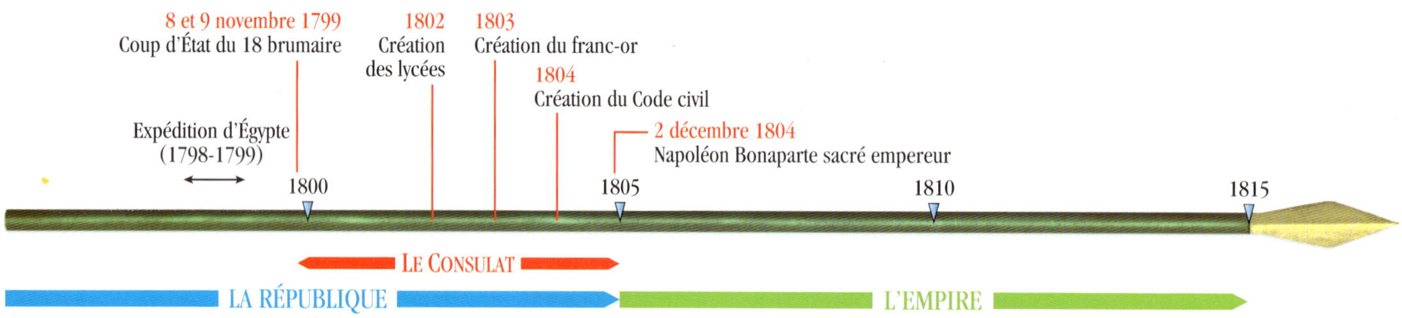

Doc. 1 Les premières batailles de Napoléon Bonaparte.

1. Dans quels pays Napoléon Bonaparte a-t-il mené ses premières campagnes ?

2. Pourquoi est-il devenu célèbre ?

Bonaparte ?

Doc. 2 Le coup d'État de Napoléon Bonaparte
(peinture de François Bouchot, 1840).
Les 8 et 9 novembre 1799 (18 et 19 brumaire an VIII dans le calendrier révolutionnaire), Napoléon Bonaparte s'empare du pouvoir et crée un nouveau régime : le Consulat. Il devient Premier Consul.

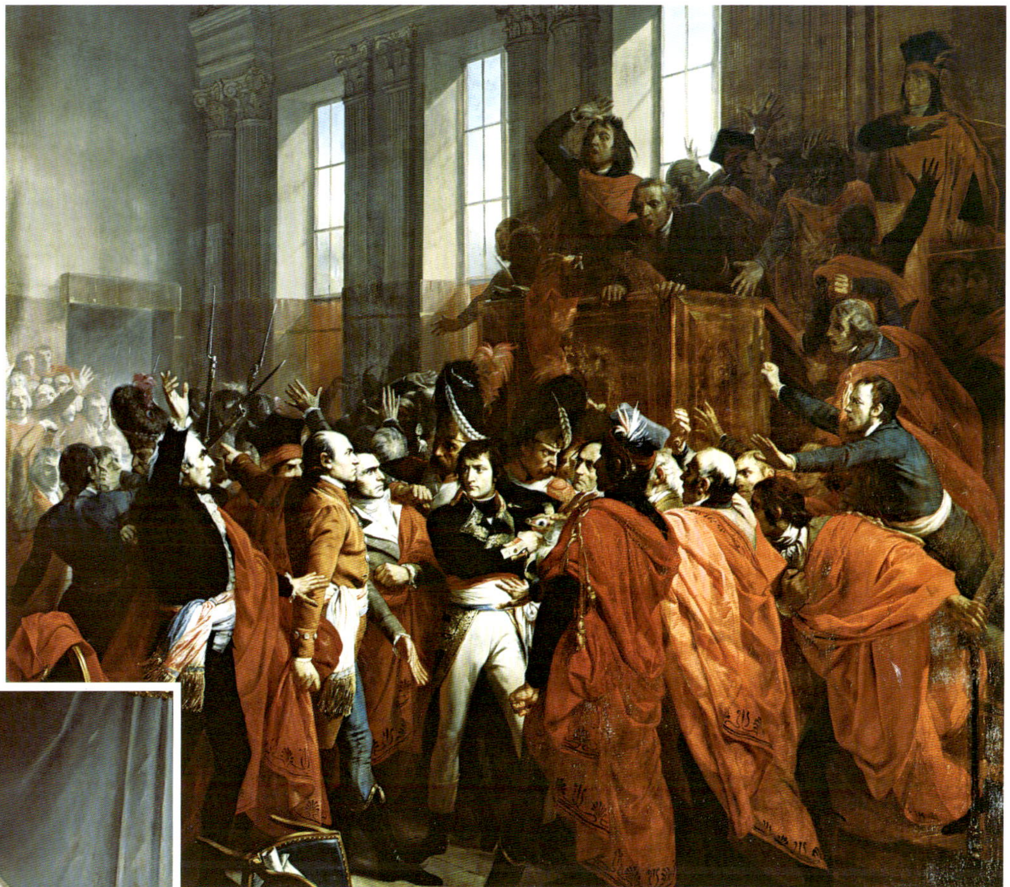

3. Décris la scène (Doc. 2).

4. Bonaparte est au centre. Qui le protège ?

Doc. 3 Napoléon empereur
(peinture de François Gérard, 1805).
À partir de 1804, Napoléon devient empereur des Français sous le nom de Napoléon Ier.

5. Décris le costume de Napoléon Ier. Quels objets reconnais-tu ?

6. Qu'est-ce qui rappelle l'Ancien Régime dans ce portrait ?

Doc. 1 Le franc germinal ou franc-or
(pièce en or, 1813).
Depuis 1791, la monnaie française n'a cessé de perdre de sa valeur. En 1803, Napoléon Bonaparte rétablit la monnaie : il crée le franc germinal ou franc-or. Sa valeur reste inchangée jusqu'en 1914.

1. Quelle est la valeur de cette pièce de monnaie ?

2. Qui reconnais-tu sur cette pièce ?

LE CODE CIVIL

Avant 1789, les règles du droit variaient beaucoup en France d'une région à une autre. Napoléon Bonaparte simplifie et unifie le droit en créant le Code civil en 1804.

Article 213 – Le mari doit protection à sa femme, la femme doit obéissance à son mari. [...]
Article 371 – L'enfant doit honneur et respect à ses père et mère.
Article 372 – L'enfant reste sous l'autorité de ses parents jusqu'à sa majorité.
Article 373 – Le père seul exerce cette autorité durant le mariage. [...]
Article 375 – Les enfants naturels ne peuvent être héritiers. [...]
Article 544 – La propriété est le droit de disposer des choses de la manière la plus absolue dans le respect des lois.
Article 545 – Nul ne peut être contraint de céder sa propriété si ce n'est pour cause d'utilité publique et moyennant une juste indemnité.

Extraits du Code civil, 1804.

Napoléon Ier, couronné par le Temps, écrit le Code civil (peinture de Jean-Baptiste Mauzaisse, 1804).

Doc. 2

3. Que défend le Code civil d'après ces extraits ?

4. Quel est le rôle du père dans la famille ?

Doc. 3 Le sacre de Napoléon Ier (détail d'une peinture de Jacques Louis David, 1805).
Le 2 décembre 1804, dans la cathédrale Notre-Dame de Paris, Napoléon Bonaparte se fait sacrer empereur par le pape Pie VII, venu de Rome. La cérémonie fastueuse est peinte par Jacques Louis David sur une immense toile (9,79 m de long et 6,21 m de haut). Par la proclamation de l'Empire le 18 mai 1804 et le sacre le 2 décembre 1804, Napoléon met fin à la République.

5. Qu'est-ce qu'un sacre ?

6. Qui était sacré en France avant 1789 ?

7. Où est Napoléon ? Décris précisément ce qu'il fait.

NAPOLÉON Ier ET LES JOURNAUX

Réprimez un peu plus les journaux, faites-y mettre de bons articles, faites comprendre aux journalistes que le temps viendra où, m'apercevant qu'ils ne me sont pas utiles, je les supprimerai et je ne conserverai qu'un seul journal.

Extrait d'une lettre de Napoléon Ier à Fouché, son ministre de l'Intérieur, 22 avril 1805.

Doc. 4

8. La liberté de la presse existe-t-elle à l'époque de Napoléon ? Pourquoi ?

9. Comment appelle-t-on cette façon de contrôler la presse ?

Conseil d'État	– membres nommés par Napoléon
Sénat	– membres nommés par Napoléon
Le Tribunat	– membres choisis par le Sénat – discute les lois sans les voter
Le corps législatif	– membres choisis par le Sénat – vote les lois sans les discuter

Doc. 5 Les assemblées sous l'Empire.

10. Qui nomme les membres des assemblées ?

11. Qui possède réellement le pouvoir ?

L'héritage de Napoléon

De Bonaparte à Napoléon, un sujet pour de nombreux peintres

Napoléon a beaucoup inspiré les peintres. Leurs œuvres permettent de suivre l'évolution de ce personnage historique.

Napoléon Bonaparte franchissant le col du Grand-Saint-Bernard en 1800 (peinture de Jacques Louis David, 1800).

Napoléon Ier, empereur des Français (peinture de Jacques Louis David, 1812).

Napoléon Ier à la fin de l'Empire (peinture de Paul Delaroche, 1814).

L'application du Code civil dans une partie de l'Europe

Grâce à ses conquêtes, Napoléon peut imposer des réformes aux pays conquis. C'est ainsi qu'il applique le Code civil en Belgique, aux Pays-Bas, en Allemagne, en Italie, et en Pologne, dans le grand-duché de Varsovie.

Une légende noire

Pour ses adversaires anglais, Napoléon est « l'ogre corse » ou « l'enfant chéri du Diable ». Cette « légende noire » repose parfois sur des faits historiques : il a, par exemple, rétabli l'esclavage dans les colonies françaises (1802).

Caricature anglaise de Napoléon Ier, XIXe siècle.

La création des lycées

Les lycées sont créés en 1802 (un par département) et le baccalauréat en 1808.

Sont enseignés le latin, les mathématiques, la géographie, la chronologie, l'histoire, la mythologie, les lettres latines et françaises, des éléments d'astronomie, de physique, de chimie. Les élèves sont divisés en compagnies de vingt-cinq. Un sergent, quatre caporaux par compagnie, choisis parmi les meilleurs élèves. Lever à cinq heures et demie. À six heures, prières en commun. À huit heures, classe. Congés les jeudis, dimanches et fêtes. Vacances du 18 août au 6 octobre.

Règlement intérieur du lycée de Douai, 1802.

La Légion d'honneur

Créée en 1802, cette récompense honore les citoyens qui se sont distingués par les services rendus à la France (au départ, surtout dans le domaine militaire). Elle existe toujours aujourd'hui.

Croix de la Légion d'honneur, 1870.

LEXIQUE

Censure : examen de livres ou de journaux par un pouvoir qui peut autoriser ou interdire leur publication.

Code civil : recueil de lois qui réglementent les relations entre les individus. Il est parfois appelé « Code Napoléon ».

Concordat : traité signé entre le pape et un État afin de préciser l'organisation de la religion catholique dans cet État.

Consulat : régime politique mis en place par Napoléon Bonaparte après un coup d'État. Il dure de 1800 à 1804.

Coup d'État : prise du pouvoir illégale et par la force.

Empire : régime politique mis en place par Napoléon Bonaparte lors de son couronnement en 1804. Il devient empereur des Français sous le nom de Napoléon Ier.

CARNET DE ROUTE

De la Révolution au Consulat

Général victorieux en Italie et en Égypte, Napoléon Bonaparte organise un **coup d'État** les 8 et 9 novembre 1799. Il installe **un pouvoir autoritaire et personnel** : c'est **le Consulat**. Des préfets, désignés par Napoléon, sont mis à la tête des départements.

La paix intérieure est rétablie mais les opposants au régime sont pourchassés, la population surveillée par la police et la presse contrôlée par la **censure**.

Une France nouvelle

Napoléon veut fonder une France nouvelle. La Banque de France est créée en 1800. Dès 1803, elle peut frapper une nouvelle monnaie : **le franc germinal ou franc-or**. **En 1802, les lycées sont créés.** La même année, un **Concordat est signé avec le pape** : il met fin aux tensions nées de la Révolution.

En 1804, le droit est simplifié, unifié et modernisé par le **Code civil**. C'est encore aujourd'hui la base de notre droit. **Cette même année, est créée la Légion d'honneur**, qui récompense les meilleurs serviteurs de l'État.

L'Empire (1804-1815)

Le 2 décembre 1804, Bonaparte se fait sacrer empereur à Notre-Dame de Paris sous le nom de Napoléon Ier. Il concentre tous les pouvoirs entre ses mains. **En 1808, l'Université impériale est créée**. Mais les filles restent à l'écart de l'enseignement. L'Empereur s'entoure d'une cour et crée **une noblesse d'Empire**. Inventeurs et savants sont récompensés.

Les Français acceptent bien l'**Empire** tant que Napoléon remporte des victoires militaires à l'extérieur du pays et que l'économie se porte bien. Mais des difficultés apparaissent. Néanmoins, les idées de liberté et d'égalité se propagent dans le monde. **Les idées de Nation et de souveraineté nationale** s'affirment en France.

Pourquoi la France est-elle

En avril 1792, la France révolutionnaire déclare la guerre à l'Autriche et à la Prusse. À partir de 1793, d'autres pays entrent en guerre contre la France. Ces guerres contre presque tous les États européens se prolongent sous l'Empire. Elles s'achèvent en 1815 par l'effondrement de celui-ci.

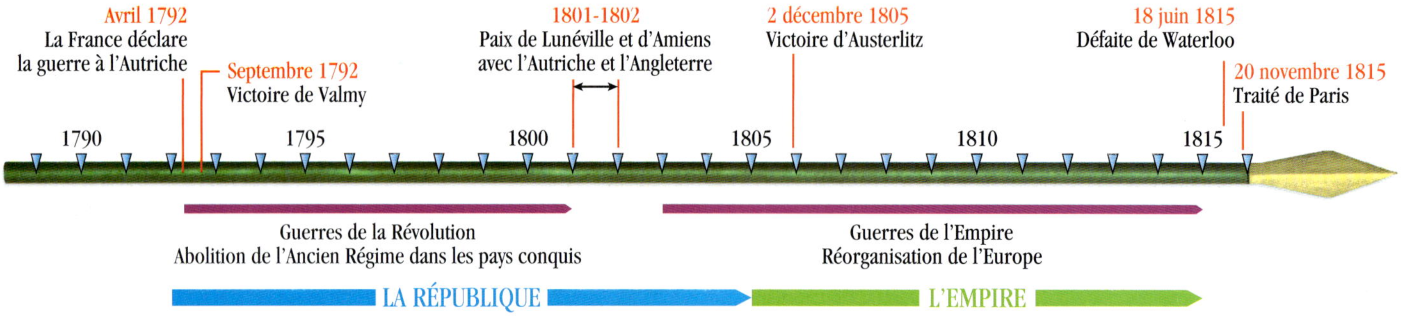

POUR OU CONTRE LA GUERRE ?

Un peuple qui a conquis sa liberté après dix siècles d'esclavage a besoin de la guerre. Il faut la guerre pour consolider la liberté et pour purger la Constitution des restes du despotisme[1].

Brissot, député girondin, discours au club des Jacobins, 14 décembre 1791.

1. Pouvoir d'un despote (du mot grec *despotès* qui signifie « maître ») c'est-à-dire de quelqu'un qui exerce un pouvoir excessif sur ceux qu'il gouverne.

La plus extravagante idée d'un homme politique est de croire qu'il suffise d'entrer à main armée chez un peuple étranger pour lui faire adopter ses lois. Personne n'aime les missionnaires armés. Avant que les effets de notre Révolution ne se fassent sentir chez les nations étrangères, il faut qu'elle soit consolidée. La guerre est bonne pour les généraux ambitieux.

Robespierre, discours au club des Jacobins, 2 mars 1792.

La guerre contre l'Autriche est déclarée le 20 avril 1792.

Doc. 1

Doc. 2
Un soldat de l'armée républicaine en 1792 (gravure, XIXe siècle).

1. Qui est pour la guerre ? Pourquoi ? (Doc. 1)

2. Qui est contre la guerre ? Pourquoi ?

3. Quelles sont ses armes ? Décris-les.

4. Quels objets utilise-t-il aussi dans sa vie de tous les jours ?

en guerre de 1792 à 1815 ?

Doc. 3 La bataille de Valmy, le 20 septembre 1792 (peinture de Jean-Baptiste Mauzaisse, XIXe siècle). Lors de cette bataille, les soldats français réussissent à faire reculer l'armée prussienne toute-puissante au cri de « Vive la Nation ! ».

5. Qu'a voulu représenter le peintre ?

6. Où sont les soldats ? Comment sont-ils disposés ?

Doc. 4 La France menacée en 1793.

LA LEVÉE EN MASSE

La Convention[1] fait l'appel de 300 000 hommes qui se réuniront dans le plus court délai aux armées de la République. Il sera ouvert un registre sur lequel se feront inscrire volontairement ceux qui voudront défendre la patrie. Dans le cas où l'inscription volontaire ne produirait pas le nombre d'hommes fixé pour chaque commune, les citoyens seraient tenus de compléter ce nombre au plus vite.

Décret de la Convention, 24 février 1793.

1. Assemblée révolutionnaire où siègent les députés de 1792 à 1795.

Doc. 5

7. Contre quels pays la France est-elle en guerre (Doc. 4)?

8. À quoi vois-tu que la situation est grave pour la France en 1793 ?

9. Qu'est-ce qui rend nécessaire la « levée en masse » ? Aide-toi du Doc. 4.

10. Comment sont recrutés les soldats de la « levée en masse » ?

LA RÉPRESSION DE L'INSURRECTION VENDÉENNE

En Vendée, des paysans, des prêtres et des nobles se révoltent contre la levée en masse et contre la République.

Ceux qui ont pris part aux émeutes contre-révolutionnaires au moment de la levée en masse et ceux qui ont pris la cocarde blanche ou tout autre signe de rébellion sont hors-la-loi. S'ils sont pris les armes à la main, ils seront, dans les 24 heures, mis à mort. Les prêtres, les nobles qui auront provoqué les révoltes subiront la peine de mort.

Décret de la Convention, 19 mars 1793.

Doc. 1

1. Cherche ce qu'est une insurrection.

2. Contre quoi est dirigée cette insurrection (Doc. 1) ?

3. Que risquent ceux qui se révoltent ?

LA BATAILLE D'EYLAU

La bataille d'Eylau a lieu le 8 février 1807. Elle oppose les armées napoléoniennes aux armées russes.

Napoléon Ier sur le champ de bataille d'Eylau (peinture d'Antoine Gros, 1808).

J'ai trouvé le service chirurgical en pleine activité, mais quel service ! Des jambes, cuisses, bras coupés, jetés avec les corps morts devant la porte. Les chirurgiens couverts de sang, les infirmiers ayant à peine de la paille pour eux et grelottant de froid, pas un verre d'eau à donner, rien pour couvrir les blessés, le vent soufflant de toutes parts sous les remises.

D'après Percy, médecin, présent à Eylau.

Doc. 2

4. Qu'est-ce qui montre l'horreur du champ de bataille dans ce tableau et dans ce texte ?

Doc. 3 Les guerres napoléoniennes.

5. Cite deux victoires et deux défaites des armées napoléoniennes (Doc. 3).

6. Quels territoires sont contrôlés par la France en 1811 ?

Doc. 4 Un grenadier de la Garde impériale (détail d'une peinture d'Édouard Detaille, 1806).
Les meilleurs soldats de « la Grande Armée » de Napoléon forment la Garde impériale.

7. Décris le costume de ce grenadier.

8. Compare-le avec celui du soldat de l'armée républicaine (Doc. 2 page 18).

Doc. 5

LA RETRAITE DE RUSSIE

En 1812, Napoléon est en guerre contre la Russie. À la tête de la Grande Armée, il s'avance jusqu'à Moscou et prend la ville. Mais il ne peut y rester à l'approche de l'hiver. Le repli de la Grande Armée depuis Moscou se transforme en désastre : c'est la retraite de Russie.

C'était le 25 novembre 1812. Ceux qui étaient à pied se traînaient péniblement, ayant presque tous les pieds gelés et enveloppés de chiffons et mourant de faim. L'Empereur venait ensuite, à pied et un bâton à la main ; il était enveloppé d'une grande capote doublée de fourrures. Il était accompagné de Murat, d'Eugène, des maréchaux, tous à pied. Tout cela était suivi de 700 à 800 officiers et sous-officiers portant, dans le plus grand silence, les aigles[1] des régiments auxquels ils avaient appartenu et qui les avaient tant de fois conduits à la victoire.

Sergent Bourgogne, *Mémoires*, début du XIXe siècle.

1. Allusion aux aigles en métal fixés au sommet des hampes des drapeaux.

9. À quoi voit-on que l'armée n'a pas été victorieuse ?

L'héritage des conquêtes de la Révolution

Le service militaire

En 1798, la loi Jourdan crée la conscription (le service militaire). Les jeunes gens de 20 à 25 ans doivent se faire inscrire sur une liste, dans laquelle est régulièrement tiré au sort le nombre de soldats dont le pays a besoin (les « conscrits »). Le tirage au sort est aboli en 1905 : tous les hommes doivent faire leur service militaire.

Le souvenir des victoires napoléoniennes

Le souvenir des victoires de Napoléon est encore présent dans les noms de rues ou de gares des grandes villes de France. Ainsi, à Paris :

- la gare d'Austerlitz (2 décembre 1805, victoire sur l'Autriche et la Russie) ;
- l'avenue d'Iéna (14 octobre 1806, victoire sur la Prusse) ;
- l'avenue de Friedland (14 juin 1807, victoire sur la Russie) ;
- l'avenue de Wagram (5 et 6 juillet 1809, victoire sur l'Autriche).

GARE D'AUSTERLITZ

16e Arrt
Avenue d'IENA

L'école militaire de Saint-Cyr

Créée par Napoléon en 1808 à Paris, cette école forme des officiers supérieurs pour « la Grande Armée ».
Elle existe toujours aujourd'hui mais est installée en Bretagne sous le nom de « Saint-Cyr-Coëtquidan ».

Défilé des Saint-Cyriens, 14 juillet 1992.

Des expressions populaires

Certaines expressions que nous utilisons encore aujourd'hui datent du Premier Empire. Par exemple :

- « Casser sa pipe » : de nombreux soldats de l'armée napoléonienne fumaient la pipe. Lorsqu'ils mouraient au combat, ces pipes en terre cuite se cassaient. D'où l'expression « casser sa pipe » qui signifie « mourir ».
- « C'est la Berezina ! » : la rivière Berezina se trouve en Russie et fut un obstacle difficile à traverser lors de la retraite de Russie en 1812.
Cette expression est donc utilisée pour désigner un désastre.

et de l'Empire

Les débuts de l'égyptologie

Lors de la campagne d'Égypte, Napoléon Bonaparte emmène avec lui des dizaines de savants. C'est au cours de cette campagne que « la pierre de Rosette » est découverte, en 1799. Grâce à cette pierre sur laquelle figurait une inscription en grec et en égyptien, Jean-François Champollion réussit, vingt années plus tard, à découvrir le sens des hiéroglyphes, l'écriture des anciens Égyptiens.

Expédition d'Égypte sous les ordres de Napoléon Bonaparte (peinture de Léon Cogniet, XIXe siècle).

LEXIQUE

Abdiquer : le fait, pour un roi ou un empereur, d'abandonner volontairement le pouvoir.

Coalition : association de différents États (ou individus) contre un ennemi commun.

Grande Armée : nom donné à l'armée de Napoléon Ier à partir de 1805. Elle est formée de troupes françaises et de troupes italiennes et allemandes venant de territoires conquis par la France. L'encadrement est assuré par des officiers qui sont souvent d'anciens soldats « sortis du rang ».

CARNET DE ROUTE

Les guerres de la Révolution

En avril 1792, **la France révolutionnaire déclare la guerre à l'Autriche** (bientôt rejointe par la Prusse). Elle est sauvée de l'invasion par la **victoire de Valmy (septembre 1792).** Mais à partir de 1793, l'Angleterre et les pays voisins de la France, hostiles à la Révolution, rejoignent l'Autriche et la Prusse et forment une **coalition**.

Pour combattre les armées ennemies et défendre son territoire, la France doit mobiliser des troupes de plus en plus nombreuses. Ce sont **les débuts de la « guerre de masse »**. On fait d'abord appel à **des volontaires**. Puis, en 1793, la République pratique une **« levée en masse »**. Enfin, en 1798, est créée **la conscription**. Des centaines de milliers de jeunes Français sont mobilisés. Dans les territoires conquis par la France, on abolit l'Ancien Régime et on supprime le servage.

Les guerres de l'Empire

Après sa prise de pouvoir, Napoléon poursuit les guerres de la Révolution. À l'exception des années 1801 et 1802, **la France est constamment en guerre** contre des coalitions successives jusqu'en 1815.

À la tête de ses troupes, Napoléon remporte de nombreuses victoires comme à **Austerlitz, le 2 décembre 1805**, où il bat les armées de l'empereur d'Autriche et de l'empereur de Russie, à Iéna (1806), à Eylau (1807), à Friedland (1807) et à Wagram (1809). Toutes ces victoires lui permettent de **réorganiser l'Europe**.

Jusqu'en 1812, Napoléon est victorieux mais **il ne peut vaincre l'Angleterre**. La « **Grande Armée** » subit un grave échec en Russie (1812). En 1814, les armées françaises sont battues et Napoléon doit **abdiquer**. Louis XVIII, frère de Louis XVI, restaure alors la monarchie. En 1815, Napoléon tente de reprendre le pouvoir mais il est vaincu à Waterloo le 18 juin.

Les guerres de la Révolution et de l'Empire ont coûté à la France deux millions de morts.

Je découvre qui sont les chasseurs à cheval

Le corps des chasseurs à cheval de la Garde des consuls est créé en 1799 pour assurer la garde des consuls, puis du Premier Consul, Napoléon Bonaparte. Après l'instauration de l'Empire, ce corps change de nom et devient le corps des chasseurs à cheval de la Garde impériale.
Les chasseurs à cheval sont un régiment qui a pour mission de protéger l'Empereur, que ce soit dans une de ses résidences, comme le château de Malmaison, ou lorsqu'il est à la guerre.
Les chevaux sont sellés en permanence. La nuit, les tours de garde n'excèdent pas deux heures, pour que les chasseurs soient toujours vigilants.
Pendant les campagnes militaires, une partie du régiment marche devant l'Empereur.
Deux chasseurs portent sa lorgnette et son portefeuille. L'autre partie du régiment assure les arrières. Dès que l'Empereur met pied à terre, les chasseurs se placent tout autour de lui en carré, baïonnette au fusil, prêts à le défendre.

Je découvre les uniformes des chasseurs à cheval

Pour un chasseur à cheval, s'habiller n'est pas simple. L'uniforme change selon le temps qu'il fait, le jour ou le mois de l'année et selon les lieux où l'Empereur se rend. *Les Cahiers d'ordres de la Malmaison* donnent toutes les précisions sur les uniformes à utiliser en fonction des circonstances.
La grande tenue d'été se compose d'une coiffure en peau d'ours, d'un pantalon en peau de daim, d'une veste vert chasseur et d'une pelisse écarlate.
L'ensemble est complété par divers ornements : plumet, flamme et cordon-raquettes sur la coiffure, sabretache (sorte de sacoche) accrochée à la selle.

Soldat de la Garde impériale de Napoléon Ier (planche extraite de « Les Uniformes de l'armée française », Lienhart et Humbert, 1902).

Je décris un uniforme de chasseur de la Garde

Nous sommes en 1806. L'intendance de l'armée passe une nouvelle commande de vêtements pour les soldats et les officiers. Il s'agit de la tenue dite « d'escorte et de piquet ». Pour que la fabrication soit parfaite, il faut que les uniformes soient très précisément décrits.
C'est à toi que revient ce travail. Tu viens de recevoir les dessins du nouvel uniforme. Il faut maintenant que tu en fasses une description précise pour les ouvriers.

Quelques idées pour t'aider

- Commence par faire la liste des éléments qui composent cet uniforme.
- Décris ensuite la couleur, la forme et la matière de chaque élément, ainsi que les éventuelles décorations.
- Pense à mettre en forme ta description (une liste, un tableau, un dessin fléché...).
- N'hésite pas à chercher dans un dictionnaire ou sur Internet des informations supplémentaires sur cet équipement.

Qu'est-ce que « le

Au XIXe siècle, les innovations techniques et scientifiques sont très nombreuses en Europe de l'Ouest et en Amérique du Nord. Les machines remplacent le travail des artisans et de nombreuses usines sont créées. On y fabrique de plus en plus d'objets pour un prix qui diminue. Ce sont les débuts de « la grande industrie ».

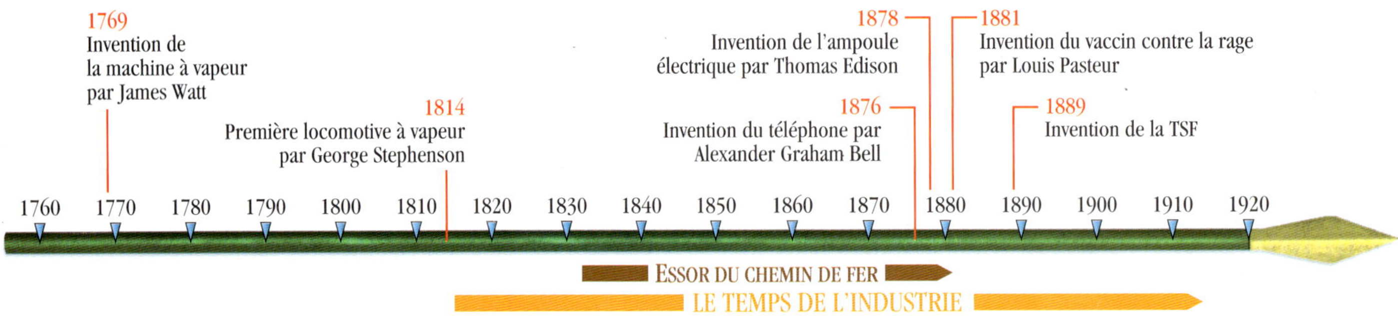

Doc. 1 L'Europe industrielle vers 1850.

1. Dans quels pays d'Europe se situent les principales zones industrielles ?

2. Dans quel pays y a-t-il le plus de voies ferrées ?

temps de l'industrie » ?

Doc. 2
Le développement des usines
(usine de cuivre à Swansea, pays de Galles, Royaume-Uni, gravure, 1865).

3. Qu'est-ce qui montre qu'il s'agit d'une usine ?

4. Des gens habitent-ils près de cette usine ? À quoi le vois-tu ?

Doc. 3 Le métier d'ouvrier (ouvriers au travail dans une usine de fabrication de rails au Creusot, gravure, vers 1865).

5. Que fabrique-t-on dans cette usine ?

6. Que font les ouvriers ?

7. À quoi vois-tu que leur travail est difficile ?

UNE VALLÉE INDUSTRIELLE

Dans une lettre à l'un de ses amis, voici comment Victor Hugo décrit la vallée industrielle de la Meuse, à la hauteur de Liège.

Toute la vallée semble trouée de cratères en éruption. Quelques-uns dégorgent derrière les taillis, d'autres dessinent lugubrement, sur un fond rouge, la noire silhouette des villages ; ailleurs, les flammes apparaissent à travers les crevasses d'un groupe d'édifices. On croirait qu'une armée ennemie vient de traverser le pays […]. Ce spectacle de guerre est donné par la paix. Cette copie effroyable de la dévastation est faite par l'industrie. Vous avez simplement là sous les yeux les hauts-fourneaux de M. Cockerill.

Victor Hugo, *Le Rhin*, « Lettres à un ami – lettre VII », 1842.

Doc. 4

8. Cherche où se trouve Liège (Doc. 4).

9. En voyant les hauts-fourneaux de M. Cockerill, quelle impression ressent Victor Hugo ?

Sur les traces des progrès

Doc. 1 **La machine à vapeur dans les campagnes : une batteuse** (affiche publicitaire pour du matériel agricole, 1889).

1. Où se trouve la machine à vapeur (Doc. 1) ?

2. Cherche ce qu'est le battage. Comment se faisait-il avant l'invention de la machine à vapeur ?

3. Des courroies actionnent la batteuse : qu'est-ce qui est battu ?

Doc. 2 **Des déplacements plus faciles grâce au chemin de fer** (train sur la ligne reliant Manchester à Liverpool, Royaume-Uni, lithographie anonyme, école anglaise, XIXe siècle).

4. Qu'y a-t-il dans le premier wagon du train (Doc. 2) ? À quoi cela sert-il ?

5. Où sont les bagages des voyageurs ?

6. Pourquoi les déplacements sont-ils plus faciles avec le chemin de fer ?

Doc. 3 Des progrès dans les télécommunications
(les « demoiselles du Téléphone », un bureau téléphonique parisien, illustration publiée dans « Le Petit Journal », 17 avril 1904).
Le XIXe siècle voit apparaître de nouveaux moyens de communication. Ainsi, le téléphone est inventé en 1876 par l'Américain Alexander Graham Bell. De nouveaux métiers apparaissent : par exemple, celui des « demoiselles du Téléphone » (elles mettent en relation celui qui appelle et celui qui est appelé).

7. Décris la scène.

8. Pourquoi a-t-on appelé ce métier « les demoiselles du Téléphone » ?

Doc. 4 Des progrès en médecine
(Louis Pasteur, biologiste français (1822-1895), dans son laboratoire, peinture d'Albert Edelfelt, 1885).

9. Décris la scène.

10. Cherche qui était Louis Pasteur et ce qu'est la pasteurisation.

11. Quelle découverte médicale importante a-t-il faite ? Aide-toi de l'axe chronologique page 26.

L'héritage des progrès techniques

L'amélioration des communications dans la ville

Pour faciliter les déplacements dans les villes, des lignes de tramways sont créées, puis des lignes de chemin de fer qu'on enterre sous les rues. Ces lignes sont destinées à faciliter les déplacements dans Paris, la capitale (la métropole), d'où le nom donné à ce nouveau moyen de communication : le « chemin de fer métropolitain », qui donne en abrégé… le « métro » !

Construction du métropolitain place Saint-Michel (Paris, août 1906).

Les luttes ouvrières et le drapeau rouge

En 1789, en cas d'émeute ou de manifestation, l'armée hissait le drapeau rouge, ce qui signifiait que les émeutiers ou les manifestants devaient se disperser car la troupe allait tirer. Par la suite, émeutiers, manifestants et révolutionnaires défilent avec un drapeau rouge qui devient le symbole de la révolte.

Grève à Saint-Ouen en 1908 (peinture de Paul Louis Delance, 1908).

La naissance de l'automobile

Grâce à l'invention du moteur à explosion, la première automobile à essence apparaît en 1886.

L'une des premières voitures : la Panhard et Levassor, construite en 1891 (photographie colorée, fin XIXe siècle).

La naissance de l'aviation

L'aviation commence à se développer véritablement à partir de 1890. En juillet 1909, l'inventeur français Louis Blériot (1872-1936) est le premier homme à traverser la Manche par la voie des airs.

Louis Blériot dans son avion (gravure en couleur, début du XXe siècle).

LEXIQUE

Exode rural : départ des habitants des campagnes vers les villes.

Machine à vapeur : machine qui fournit de l'énergie et du mouvement. Par la combustion du charbon, l'eau chauffe et se transforme en de la vapeur qui actionne un piston, un balancier, puis un volant ou une roue.

Radium : métal radioactif.

CARNET DE ROUTE

Un siècle d'innovations

Au XIXe siècle, **les progrès techniques et scientifiques se multiplient**. La **machine à vapeur**, inventée par James Watt en 1769, est utilisée dans des usines, puis dans les transports (locomotive à vapeur) et l'agriculture (batteuse à vapeur).

La découverte du fonctionnement du courant électrique permet à Thomas Edison de produire de la lumière en inventant l'ampoule électrique (1878).

En sciences, Louis Pasteur met au point **le vaccin contre la rage** (1881), et Pierre et Marie Curie découvrent le **radium** (1898).

Le « temps de l'industrie »

Au XVIIIe siècle, le premier pays à entrer dans « le temps de l'industrie » est l'Angleterre. Dès la fin du XVIIIe siècle, la Belgique, la France, l'Allemagne et l'Italie du Nord connaissent un fort développement industriel. **L'utilisation de la machine à vapeur** oblige à rassembler les travailleurs dans de grands bâtiments : les usines. Ce changement est visible dans le paysage : l'usine remplace l'atelier de l'artisan. **La construction des voies ferrées à partir de 1830** permet de relier les villes entre elles et de transporter plus rapidement les individus et les marchandises produites par les usines. Tous ces progrès permettent de produire plus de biens et à des prix de plus en plus bas.

Les conséquences dans les campagnes

La machine à vapeur associée à d'autres progrès techniques permet **d'améliorer l'efficacité de l'agriculture** et de produire plus de biens (nourriture, laine pour l'industrie textile…) avec moins de travailleurs. Comme la population augmente dans les campagnes, cela permet également de libérer de la main-d'œuvre qui vient travailler dans les usines : c'est le début d'un **exode rural** massif.

Quelle nouvelle société

Les progrès du XIXe siècle, le développement industriel et la révolution du chemin de fer transforment la société française. Dans les villes, de nouvelles populations apparaissent : des ouvriers de plus en plus nombreux, des bourgeois, des industriels et des banquiers, des employés de banque et des fonctionnaires.

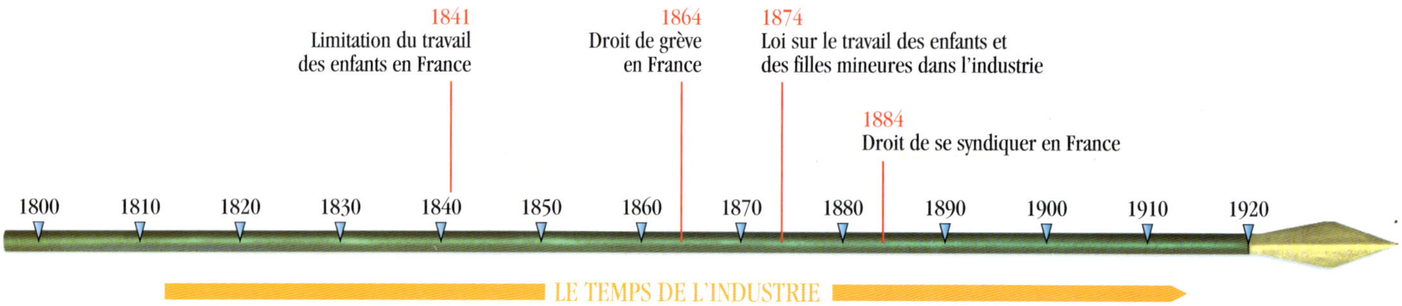

PAYSANS, BOURGEOIS, OUVRIERS

Les populations des campagnes sont le fonds même de la société française ; elles ne constituent pas seulement un immense réservoir de labeur et d'épargne. Elles sont encore un réservoir d'hommes, et c'est en plongeant leurs racines dans ce monde paysan que la bourgeoisie, les ouvriers des villes […] se renouvellent incessamment. De là sortent nos soldats, nos instituteurs, nos commerçants, nos industriels. C'est pour notre société une base solide.

Jules Ferry, discours du 30 août 1885.

Doc. 1

1. D'où sont issus les soldats, les instituteurs, les commerçants et les industriels selon Jules Ferry (Doc. 1) ?

Doc. 2 La pâtisserie Gloppe au rond-point des Champs-Élysées (peinture de Jean Béraud, 1889).

2. Décris la scène.

3. Toutes les personnes représentées sur ce tableau appartiennent-elles à la bourgeoisie ?

au XIXe siècle ?

Doc. 3 **Une famille d'ouvriers à la campagne** (« Les Mangeurs de pommes de terre », peinture de Vincent Van Gogh, 1885).

4. Décris ces personnes : leurs vêtements, leur attitude, l'intérieur de leur maison.

Doc. 4
La paie des moissonneurs
(peinture de Léon L'Hermitte, 1882).

5. Où se passe cette scène ?

6. Décris l'outil que tient le moissonneur au premier plan.

7. À quoi sert-il ?

8. Décris les vêtements et les chaussures des moissonneurs.

Sur les traces des luttes

	Bourgeois	Employé	Mineur
Ressources (en francs-or)	25 000	6 000	1 915
Loyer	3 750	900	66
Chauffage et éclairage	1 250	300	65
Nourriture	6 250	2 400	1 647
Vêtements	3 250	780	53
Éducation des enfants	2 500	420	–
Frais de maladie	500	60	–
Domestiques	700	360	–
Loisirs	3 300	420	–
Économie	3 500	360	84

Doc. 1 Dépenses d'une famille bourgeoise, d'une famille d'employés et d'une famille de mineurs à la fin du XIXe siècle.

1. Quelles sont les plus grosses dépenses d'une famille bourgeoise ? d'une famille d'employés ? d'une famille de mineurs ?

2. Observe les différents types de dépenses des mineurs. Quelles différences y a-t-il avec celles d'une famille bourgeoise ou d'employés ?

LE TRAVAIL DES ENFANTS

Seize à dix-huit heures debout chaque jour, dont treize au moins dans une pièce fermée, sans presque changer de place ni d'attitude. Ce n'est plus là un travail, une tâche, c'est une torture ; et on l'inflige à des enfants de six à huit ans, mal nourris, mal vêtus, obligés de parcourir dès cinq heures du matin la longue distance qui les sépare de leurs ateliers et achève de les épuiser le soir, au retour de ces mêmes ateliers.

Louis-René Villermé, *Discours sur la durée trop longue du travail dans beaucoup de manufactures*, 2 mai 1837.

Enfants travaillant dans une mine de charbon anglaise, gravure, XIXe siècle.

Doc. 2

3. Combien de temps dure la journée de travail d'un enfant selon l'auteur de ce texte ?

4. Relève les mots qui montrent que les enfants travaillent dans des conditions épouvantables.

5. Décris ce que font les enfants sur cette gravure. Ce travail a-t-il l'air pénible ?

LE RÈGLEMENT INTÉRIEUR D'UNE FILATURE DE L'ESSONNE (1828)

Article 8 – Tout ouvrier en retard de dix minutes sera mis à une amende de vingt-cinq centimes ; s'il manque complètement, il paiera une amende de la valeur de son temps d'absence.
Article 9 – Une fois entré, un ouvrier ne peut sortir sans une permission écrite, sous peine d'une amende de la valeur de sa journée. […]
Article 16 – Toute ouvrière qui laverait ses mains ou des effets quelconques avec le savon de la fabrique paiera trois francs d'amende ; si elle vole du savon, elle sera renvoyée et sa paie confisquée. […]
Article 22 – Il est interdit de sortir de l'atelier, sous quelque prétexte que ce soit, pendant les heures de travail […], sous peine de vingt-cinq centimes d'amende.

Extraits cités dans Louis Bergeron, *L'Industrialisation de la France au XIXe siècle*, 1981.

Doc. 3

6. Que risque un ouvrier qui arrive en retard ?

7. Que risque un ouvrier qui sort de l'atelier sans permission écrite ?

Doc. 4

LA GRÈVE

L'ouvrier, quand il travaille à très bas prix, quand il ne peut rejeter sur personne une partie de son trop lourd fardeau, ne pouvant faire baisser ni le prix de la viande, ni le prix du pain, ni le prix du loyer, et voulant cependant vivre en honnête homme, que fait-il ? Il fait grève.
Aucune autre voie ne lui est ouverte pour arriver à ce que justice lui soit rendue, pour relever le salaire abattu, pour équilibrer son gain et ses dépenses nécessaires.

D'après Agricol Perdiguier, *Mémoires d'un compagnon*, 1854.

8. L'auteur de ce texte est-il favorable ou opposé à la grève ?

9. Quels arguments donne-t-il ?

Flora Tristan (1803-1844) dénonce la misère ouvrière dans plusieurs ouvrages, à travers lesquels elle appelle les ouvriers à s'unir par-delà les différences de pays, de métiers et de sexe (lithographie, école française, XIXe siècle).

Pierre Joseph Proudhon (1809-1865) est à l'origine ouvrier typographe, puis il fonde sa propre imprimerie. Indigné par les inégalités sociales, il dénonce à travers ses ouvrages le pouvoir de ceux qui possèdent de l'argent (les capitalistes), car à ses yeux seul le travail justifie la propriété (détail d'une peinture de Gustave Courbet, 1853).

Doc. 5 Des hommes et des femmes dénoncent la misère.

10. Que dénoncent Flora Tristan et Joseph Proudhon ?

11. Quelles solutions proposent-ils pour changer l'organisation de la société ?

Les immeubles haussmanniens

Sous le Second Empire (1852-1870), la ville de Paris se transforme grâce à de grands travaux ordonnés par Napoléon III et le préfet du département de la Seine, Georges Haussmann. Ce dernier fait percer de larges avenues et construire des immeubles modernes, pour l'époque. Ces immeubles sont appelés aujourd'hui « immeubles haussmanniens ».

Coupe d'un immeuble à Paris vers 1900.

Des banques nées au XIXe siècle

Le XIXe siècle a vu naître de nombreuses banques qui sont toujours en activité aujourd'hui. Par exemple :

- la Banque de France (créée en1800) ;
- le Crédit du Nord (créé en 1848) ;
- le Crédit foncier (créé en 1852) ;
- le Crédit Lyonnais (créé en1863) ;
- la Société Générale (créée en 1864).

L'organisation des ouvriers en syndicats

Le plus ancien des syndicats français qui existent aujourd'hui est la Confédération générale des travailleurs (CGT) créée en 1895. Pour la CGT, les travailleurs sont en lutte « contre toutes les formes d'exploitation et d'oppression » et leur combat a pour but la « disparition du salariat et du patronat » (Charte d'Amiens, adoptée le 13 octobre 1905 par le 9e Congrès de la CGT).

Affiche de la CGT pour la journée de 8 heures, 1920.

Les premières lois sociales

À partir du milieu du XIXe siècle, des lois sociales sont votées pour protéger les droits des travailleurs et améliorer leurs conditions de travail.

- 1841 : loi interdisant de faire travailler les enfants de moins de 8 ans.
- 1864 : loi instituant le droit de grève.
- 1874 : loi sur le travail des enfants et des filles mineures dans l'industrie.
- 1884 : loi instituant le droit de se syndiquer.

LEXIQUE

Épargne : économie d'argent, argent mis de côté. Les épargnants peuvent déposer leur argent dans une banque ou participer à une entreprise et en retirer un profit.

Espérance de vie : durée moyenne de vie à un moment donné.

Lois sociales : lois qui améliorent la situation des travailleurs, par exemple, la limitation du travail des enfants ou la limitation du temps de travail.

Socialisme : ensemble d'idées hostiles à une société qui repose sur la propriété privée des usines. Le socialisme, au XIXe siècle, est favorable à une révolution et veut créer une société sans propriété privée des usines, des mines, des banques et des grandes exploitations agricoles.

Syndicat : association de personnes d'une même profession qui se regroupent pour défendre leurs intérêts.

CARNET DE ROUTE

Le siècle de la bourgeoisie…

Est bourgeois au XIXe siècle celui qui n'est ni paysan, ni ouvrier, ni noble. Il existe une grande variété de bourgeois :

– **La grande bourgeoisie** regroupe des banquiers, des industriels et des hauts fonctionnaires.
Ils vivent dans les beaux quartiers des villes et ont à leur service un grand nombre de domestiques.

– **La moyenne et la petite bourgeoisie** comprennent les petits patrons de l'artisanat et du commerce, les membres des professions libérales (avocats, médecins), les employés de bureau ainsi que les instituteurs. Tous sont attachés à l'**épargne** ; ils ont le goût de l'effort et accordent beaucoup d'importance au travail.

… et de la classe ouvrière

Les ouvriers qui arrivent des campagnes pour travailler dans les usines **sont très mal logés et mal payés**, surtout avant 1860.
Ils vivent dans des logements humides et froids, manquent souvent de nourriture et sont victimes de maladies (bronchite, rhumatisme, tuberculose, rachitisme, choléra…). Les conditions de travail dans les usines et les mines sont effroyables, en particulier pour les femmes et les enfants : **les journées de travail durent de 12 à 14 heures**. Les accidents sont fréquents. Pour toutes ces raisons, l'**espérance de vie** des ouvriers est faible.

La dénonciation de la misère ouvrière

Des hommes et des femmes dénoncent la misère des ouvriers. Certains, comme le docteur Villermé, influencé par l'idéal de charité, agissent pour que des **lois sociales** soient votées. D'autres, comme Joseph Proudhon ou Karl Marx, fondateur du **socialisme**, appellent à transformer la société par la révolution.
Les ouvriers commencent à s'organiser en **syndicats**. **Des lois sociales sont votées** : par exemple, à partir de 1841, il est interdit de faire travailler les enfants de moins de 8 ans en France.

Pourquoi y a-t-il eu

À la fin du XIXe siècle, les principaux pays européens (France, Angleterre, Allemagne, Russie, Italie, Espagne, Portugal, Belgique, Pays-Bas) dominent une grande partie du monde. Ils y possèdent des colonies, dans lesquelles ils vont chercher de nouvelles richesses et de nouveaux débouchés pour les biens qu'ils produisent. Ils y apportent leur civilisation et leurs langues.

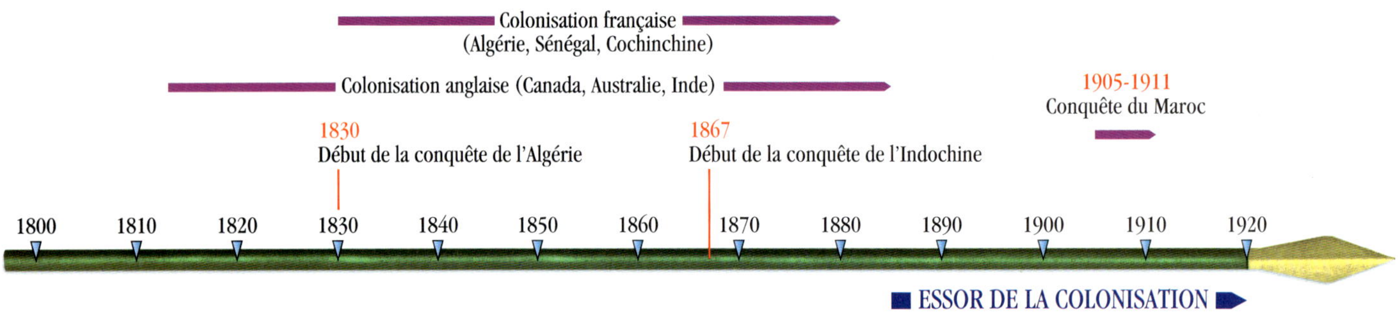

Doc. 1 Les pays européens et leurs colonies en 1914.

1. Quels pays européens possèdent des colonies ?

2. Quels sont les trois pays européens qui possèdent les plus vastes colonies ?

expansion européenne ?

Doc. 2 Départ d'émigrants italiens pour les États-Unis (illustration d'Achille Beltrame, décembre 1901).
Au XIXe siècle, des millions d'Européens quittent leur pays d'origine pour aller s'installer dans des pays nouveaux (États-Unis, Australie...). Ils espèrent y trouver une vie meilleure.

3. Cherche ce que sont un émigrant et un immigrant.

POURQUOI COLONISER AU XIXe SIÈCLE ?

La colonisation est la force expansive d'un peuple [...]. C'est la soumission d'une partie de l'univers à sa langue, à ses mœurs, à ses idées et à ses lois.

Paul Leroy-Beaulieu, *De la colonisation chez les peuples modernes*, 1874.

Il faut dire ouvertement que les races supérieures ont un droit vis-à-vis des races inférieures [...]. Elles ont le devoir de les civiliser. [...] Mais je soutiens que les nations européennes s'acquittent avec largeur, avec grandeur et honnêteté, de ce devoir supérieur de la civilisation.

Jules Ferry, discours du 29 juillet 1885.

Dieu offre l'Afrique à l'Europe. Prenez-la. Prenez-la, non pour le canon, mais pour la charrue ; non pour le sabre, mais pour le commerce ; non pour la bataille, mais pour la fraternité. Versez votre trop-plein dans cette Afrique, et du même coup, résolvez vos questions sociales, changez vos prolétaires en propriétaires. [...] Faites des routes, faites des ports, faites des villes, croissez, cultivez, colonisez, multipliez.

Victor Hugo, discours du 18 mai 1879.

Doc. 3

4. Qu'est-ce que la colonisation pour Paul Leroy-Beaulieu ?

5. Comment Jules Ferry justifie-t-il la colonisation ?

6. D'après Victor Hugo, pourquoi coloniser l'Afrique ?

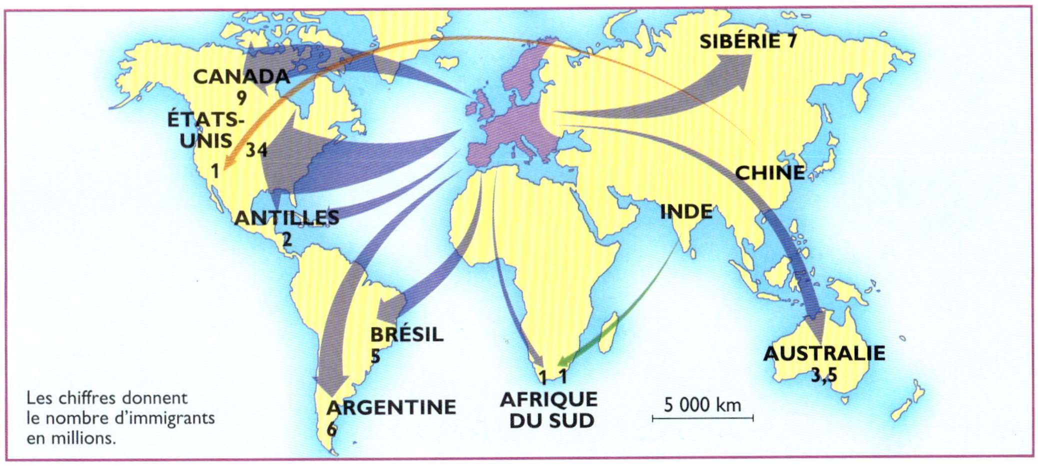

Doc. 4 L'émigration de 1850 à 1914.

7. De quel continent viennent surtout les immigrants ?

8. Vers quel continent se dirigent surtout les émigrants ?

Sur les traces de l'Empire

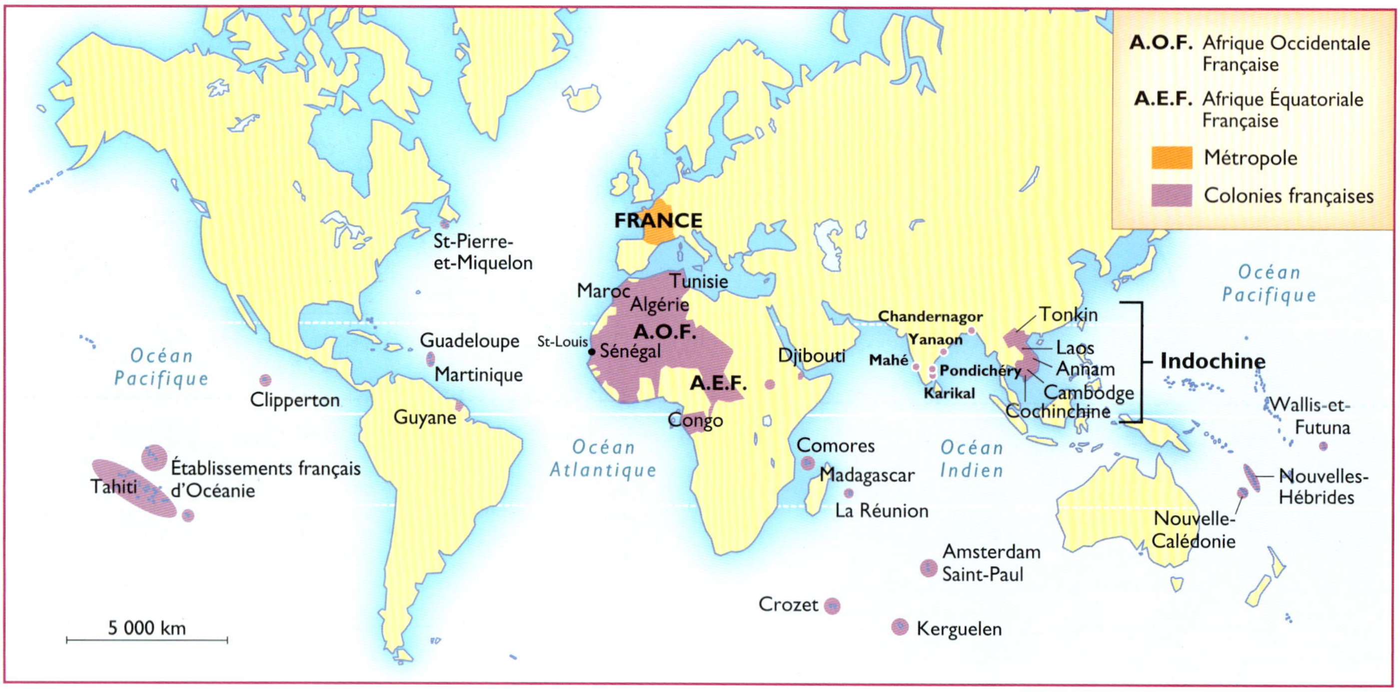

Doc. 1 L'Empire colonial français en 1914.

1. Sur quels continents s'étend l'Empire colonial français en 1914 ?

2. Cite trois colonies d'Afrique et trois colonies d'Indochine.

Doc. 2 La conquête de l'Algérie (épisode de la retraite de Constantine, peinture anonyme, XIXe siècle).
La colonisation de l'Algérie par la France à partir de la prise d'Alger en 1830 donne lieu à de nombreux combats.

3. Où se trouve l'Algérie ? Situe-la sur le Doc. 1.

4. Où se trouvent les troupes françaises (Doc. 2) ?

5. Quelles sont leurs armes ?

6. Quelles sont celles des Algériens ?

7. Qu'est-ce qui montre la violence des combats ?

Doc. 3 **LA COLONISATION DE L'ALGÉRIE**

Si l'on peut regretter que les Bédouins du désert aient perdu leur liberté, il ne faut pas oublier que ces mêmes Bédouins étaient une nation de brigands.

Friedrich Engels, article paru dans le *Northern Star*, 1848.

Aux indigènes, l'élevage des chevaux et du bétail, les cultures naturelles du sol. À l'activité et à l'intelligence européennes, l'exploitation des forêts et des mines, les irrigations, les cultures perfectionnées.

Napoléon III, discours, *Le Moniteur universel*, 7 février 1863.

Non, il n'y a pas de droit des nations dites « supérieures » contre les nations dites « inférieures ». La conquête que vous préconisez, c'est l'abus de la force que donne la civilisation scientifique sur les civilisations rudimentaires pour s'approprier l'homme, le torturer, en extraire toute la force qui est en lui au profit du prétendu civilisateur.

Georges Clemenceau, discours à l'Assemblée nationale, 1885.

8. Quels textes justifient la colonisation (Doc. 3) ?

9. Que reproche Georges Clemenceau aux colonisateurs ?

Doc. 4 **Un missionnaire catholique en Afrique noire** (photographie, 1912).

10. Cherche ce qu'est un missionnaire.

11. Que fait ce missionnaire ?

Doc. 5 **Le travail forcé des indigènes** (construction d'une voie ferrée en Afrique noire, photographie, début du XXe siècle).

12. Que construisent les indigènes ?

13. En quoi cela sera-t-il utile à la population locale ?

14. Quel aspect négatif de la colonisation ce document montre-t-il ?

Les grands travaux européens dans le monde : le canal de Suez

Le canal de Suez permet de relier la mer Rouge à la mer Méditerranée sans avoir à contourner l'Afrique. Il a été creusé en Égypte en 1869, sous la direction de l'ingénieur français Ferdinand de Lesseps. Treize ans plus tard, en 1882, l'Égypte devient une colonie britannique.

L'inauguration du canal de Suez, lithographie de Jules Didier, 1869.

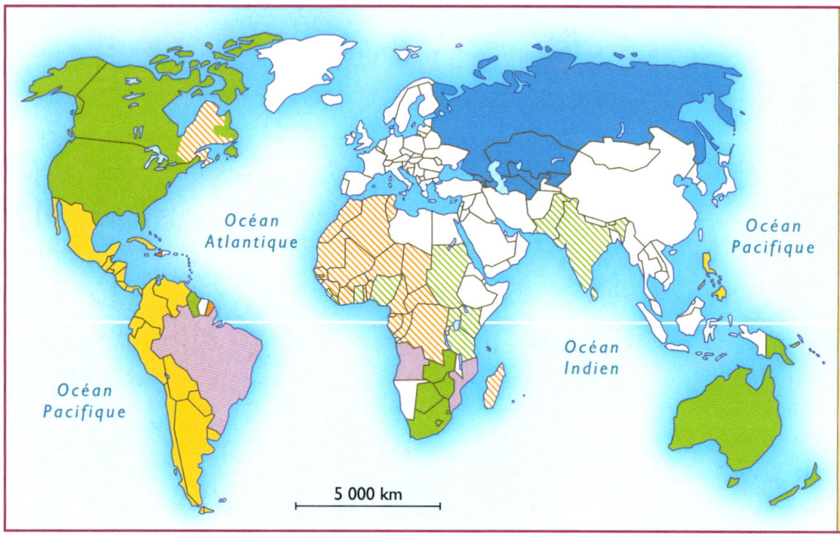

Les langues européennes parlées hors d'Europe

Les pays européens ont diffusé leurs langues dans leurs colonies. Aujourd'hui encore, elles sont parlées dans de nombreuses anciennes colonies.

L'abolition de l'esclavage

L'esclavage est aboli dans les colonies françaises par la Seconde République en 1848 grâce à l'action de Victor Schœlcher.

Proclamation de l'abolition de l'esclavage dans les colonies françaises, le 23 avril 1848 (détail d'une peinture de François Biard, 1848).

la colonisation

Le souvenir de l'expansion européenne à travers la littérature

De nombreux écrivains du XIXe siècle ont été inspirés par l'expansion européenne.

Couverture du livre *Le Tour du monde en 80 jours*, de Jules Verne (1828-1905).

LEXIQUE

Colonie : pays conquis, exploité et dirigé par un autre pays, plus puissant.

Émigrer : quitter son pays natal pour s'installer durablement dans un autre. On appelle **émigrants** ceux qui quittent leur pays et **immigrants** ceux qui arrivent dans un autre pays.

Indigène : celui qui est né dans le pays dont on parle.

Métropole : du grec *polis* qui signifie « cité ». Nation mère, pays qui a conquis une colonie.

Missionnaire : personne qui cherche à convertir à sa religion des populations qui l'ignorent.

Philanthrope : du grec *philanthropos* qui signifie « ami des hommes ».

CARNET DE ROUTE

Les Européens découvrent le monde

Au XIXe siècle, les Européens partent à la conquête du monde pour différentes raisons :

– des géographes et des savants partent explorer des territoires encore inconnus des Européens ;

– des **philanthropes** veulent abolir l'esclavage et la traite des esclaves dans les pays d'Afrique ;

– des **missionnaires** chrétiens se donnent pour objectif de diffuser leur religion dans le monde ;

– des millions d'Européens pauvres, originaires d'Irlande, d'Italie, puis d'Europe de l'Est, **émigrent** à la recherche d'une vie nouvelle et meilleure.

Les Européens se partagent le monde

À partir de 1850, l'Angleterre et la France possèdent des empires en Afrique et en Asie. La Russie s'étend vers l'est en Sibérie et en Asie centrale. La concurrence entre pays européens devient plus vive encore après 1880. Cette volonté de colonisation répond à plusieurs objectifs :

– **trouver des débouchés** pour les biens fabriqués en Europe et ramener des matières premières ;

– **conquérir et contrôler de nombreux territoires et passages importants**, comme le canal de Suez ;

– **exporter la civilisation européenne** (progrès techniques et scientifiques, religion, éducation).

La colonisation ne se fait pas toujours de manière pacifique : il arrive que les **indigènes** résistent farouchement. Ainsi, il faut quarante ans à la France pour pacifier l'Algérie (1830-1871).

Les rapports entre indigènes et colons

Les pays dominés sont administrés par les **métropoles**. Les colons construisent des villes, développent les transports (routes, voies ferrées…), ouvrent des écoles et des hôpitaux et convertissent les populations au christianisme.

Mais ils s'attribuent les meilleures terres et soumettent souvent les indigènes au travail forcé. Ainsi, l'Europe exploite ses **colonies** et en tire d'immenses profits, tandis que les populations locales s'appauvrissent.

Je découvre le travail des enfants

Le travail des enfants n'est pas une particularité du XIXe siècle : les paysans ou les artisans ont toujours fait travailler leurs enfants avec eux dans les champs ou dans les ateliers en ville. Mais l'industrialisation rend leurs conditions de travail plus difficiles.
Pour les patrons des usines et des mines, employer des enfants est très avantageux :
- ils sont petits et habiles, et peuvent par exemple se glisser sous les métiers à tisser pour rattacher les fils qui se cassent ou dans les galeries étroites des mines pour en extraire le charbon ;
- ils sont soumis aux mêmes conditions de travail que les adultes (12 à 15 heures par jour) mais pour un salaire bien inférieur.

Il faut attendre la seconde moitié du XIXe siècle pour que des adultes s'élèvent contre le travail forcé des enfants.

Je découvre des adversaires du travail des enfants

En France, trois hommes ont lutté contre le travail des enfants au cours du siècle : le baron Charles Dupin, le docteur Villermé et le philosophe Jules Simon.

- **Le docteur Louis-René Villermé** (1782-1863) a réalisé de nombreuses enquêtes dans les manufactures et les mines. Il y décrit des enfants en grande souffrance, travaillant tellement qu'ils sont devenus « des machines ou des morceaux de celles-ci. »

LA SITUATION DES ENFANTS EN ALSACE

Quelque triste que soit la condition de ceux-ci, celle des enfants employés dans un très grand nombre de nos manufactures doit surtout nous émouvoir ; car, trop souvent victimes des débauches et de l'imprévoyance des parents, ils ne méritent jamais leur malheur. […] Aussi, est-ce un spectacle bien affligeant que celui des ouvriers qui, chaque matin, […] arrivent de tous côtés. Il faut voir cette multitude d'enfants maigres, hâves, couverts de haillons, qui s'y rendent pieds nus par la pluie et la boue, portant à la main, et quand il pleut, sous leur vêtement devenu imperméable par l'huile des métiers tombés sur eux, le morceau de pain qui doit les nourrir jusqu'à leur retour […]. Ils offrent un extérieur de misère, de souffrance, d'abattement, qui contraste avec le teint fleuri, l'embonpoint, la pétulance et tous les signes d'une brillante santé qu'on remarque chez les enfants du même âge, chaque fois que l'on quitte un lieu de manufactures pour entrer dans un canton agricole.

Dr. Louis-René Villermé, *Le Travail des enfants*, tome II, tiré de *Tableau de l'état physique et moral des ouvriers employés dans les manufactures de coton, de laine et de soie*, Paris, 1840.

- **Le baron Charles Dupin** (1784-1873), député du Tarn, s'appuie sur les travaux du docteur Villermé pour proposer en 1840 un projet de loi qui vise notamment à :
  - limiter le temps de travail des enfants à 48 heures par semaine ;
  - interdire le travail d'enfants de moins de 8 ans dans les filatures ;
  - donner aux enfants la possibilité de recevoir 2 heures d'enseignement par jour.

Le baron Dupin (lithographie de Schultz, *Panthéon des illustrations*, 1865).

Jules Simon (portrait anonyme, XIXe siècle).

• **Jules Simon** (1814-1896) est un philosophe et un homme politique. Il s'associe à ce combat et dénonce le travail des enfants dans ses écrits.

Mais les premiers changements significatifs n'apparaissent qu'avec la loi de 1874 sur le travail des enfants et des filles mineures dans l'industrie, et surtout au moment où la scolarisation devient obligatoire, laïque et gratuite en 1882 (les lois Jules Ferry, voir page 54).

LOI SUR LE TRAVAIL DES ENFANTS ET DES FILLES MINEURES DANS L'INDUSTRIE

SECTION I – Âge d'admission et durée du travail

Article 2 – Les enfants ne pourront être employés par des patrons ni être admis dans les manufactures, usines, ateliers ou chantiers avant l'âge de douze ans révolus. […]

Article 3 – Les enfants, jusqu'à l'âge de douze ans révolus, ne pourront être assujettis à une durée de travail de plus de six heures par jour, divisées par des repos.

SECTION II – Travail de nuit, des dimanches et jours fériés

Article 4 – Les enfants ne pourront être employés à aucun travail de nuit jusqu'à l'âge de seize ans révolus. La même interdiction est appliquée à l'emploi des filles mineures de seize à vingt et un ans mais seulement dans les usines et manufactures. […]

SECTION III – Travaux souterrains

Article 7 – Aucun enfant ne peut être admis dans les travaux souterrains des mines, minières et carrières avant l'âge de douze ans révolus. Les filles et femmes ne peuvent être admises dans ces travaux […].

Extraits de la loi du 19 mai 1874.

JE RÉDIGE UN ARTICLE SUR LE TRAVAIL DES ENFANTS AU XIXe SIÈCLE

Le journal de ta ville vient de lancer une grande campagne de sensibilisation au travail des enfants. Ta classe a été choisie pour écrire des articles sur le travail des enfants au XIXe siècle. Pour avancer plus rapidement, associe-toi à un(e) camarade.

Quelques idées pour vous aider

- Repartez du Doc. 2 page 34 et du texte du docteur Villermé page 44 pour décrire les travaux effectués par les enfants, la façon dont ils sont habillés, leur état physique…
- Utilisez les articles de la loi de 1874 pour décrire les conditions de travail et les différences entre filles et garçons.
- Recherchez des informations complémentaires à la bibliothèque ou sur Internet.

Pourquoi y a-t-il des révolutions

De 1815 à 1871, le régime politique de la France ne cesse de changer. En effet, les Français sont divisés et s'affrontent : monarchistes, républicains, bonapartistes puis, à partir de 1850, socialistes. Pendant cette période, la France connaît ainsi trois révolutions et retrouve successivement la monarchie, la République, l'Empire, puis à nouveau la République.

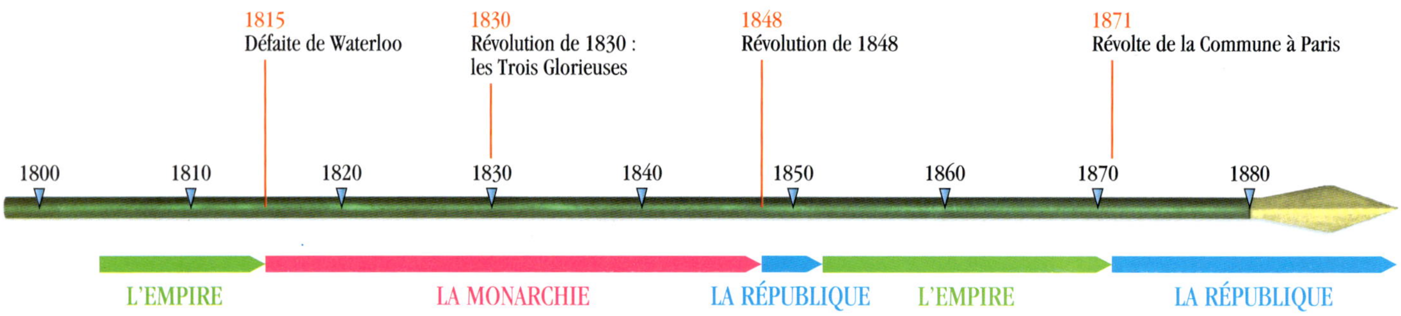

Doc. 1 La révolution de 1830
(prise de l'Hôtel de Ville de Paris, le 28 juillet 1830, peinture d'Amédée Bourgeois, 1830).
Le roi Charles X succède à Louis XVIII en 1824. Mais il prend des mesures autoritaires. En juillet 1830, durant trois journées appelées « les Trois Glorieuses », une révolution éclate à Paris. Charles X abdique et est remplacé par Louis-Philippe. La nouvelle monarchie est appelée « monarchie de Juillet ».

1. Décris la scène.

2. Pourquoi cette nouvelle monarchie s'appelle-t-elle « la monarchie de Juillet » ?

en France au XIXe siècle ?

Doc. 2 La révolution de février 1848
(« Le Trône brûlé », lithographie, 1848).
En février 1848, une nouvelle révolution éclate à Paris. Louis-Philippe doit abdiquer le 24 février. Le même jour, la République est proclamée à l'Hôtel de Ville de Paris.

3. Décris la scène.

4. Que brûlent les révolutionnaires ?

5. Pourquoi est-ce un geste important ?

6. Observe l'axe page 46. Y aura-t-il d'autres rois en France après février 1848 ?

Doc. 3 La République fait tirer sur les ouvriers en révolte **(gravure, école française, XIXe siècle).**
Les chômeurs pouvaient recevoir une aide en argent en travaillant dans les Ateliers nationaux. Mais, le coût de ces ateliers devenant trop élevé, le gouvernement décide de les fermer à Paris, ce qui provoque une révolte en juin 1848. L'armée tire sur les ouvriers et fait plusieurs milliers de morts.

7. Qui se révolte ?

8. Pour quelles raisons ?

Doc. 4 La statue de Napoléon Ier, abattue en 1871
(photographie, place Vendôme, Paris, 16 mai 1871).
En 1870, l'Empire disparaît à nouveau et la IIIe République est proclamée. En 1871, au cours d'une insurrection appelée « la Commune », la statue de l'empereur Napoléon Ier est abattue.

9. Que représente cette statue ?

10. Qu'y a-t-il de révolutionnaire dans cette action ?

LE RETOUR À LA ROYAUTÉ : LA CHARTE DE 1814

1. Les Français sont égaux devant la loi, quels que soient leurs titres.
2. Ils contribuent, dans la proportion de leur fortune, aux charges de l'État. […]
4. Leur liberté individuelle est garantie.
5. Chacun professe sa religion avec une égale liberté.
9. Toutes les propriétés sont inviolables, sans aucune exception. […]
12. Le service militaire est aboli. […]
13. Au Roi seul appartient le pouvoir exécutif.
14. Le Roi est le Chef suprême de l'État ; commande les forces de terre et de mer ; déclare la guerre, fait les traités de paix. […]
16. Le Roi propose la loi.

Donné à Paris, l'an de grâce 1814, et de notre règne le 19e.

Doc. 1

1. Dans cette Charte, quelles idées étaient déjà présentes lors de la Révolution de 1789 ?

2. Quelles idées rappellent la monarchie d'Ancien Régime ?

Doc. 2 Le roi Charles X en costume de sacre (peinture de Jean Auguste Dominique Ingres, 1829).
Charles X est le frère de Louis XVI, roi de 1774 à 1793, et de Louis XVIII, roi de 1815 à 1824. Il est le dernier roi de France à être sacré dans la cathédrale de Reims (le 29 mai 1825). Il règne jusqu'en 1830.

3. Décris le costume du roi (Doc. 2).

4. Quels symboles de la monarchie retrouve-t-on dans ce tableau ?

LA PREMIÈRE ÉLECTION AU SUFFRAGE UNIVERSEL MASCULIN

Le matin de l'élection, tous les électeurs, c'est-à-dire toute la population mâle au-dessus de vingt ans, se réunirent devant l'église. Tous ces hommes se mirent à la file, suivant l'ordre alphabétique. Je rappelai à ces braves gens la gravité et l'importance de l'acte qu'ils allaient faire ; je leur recommandai de ne point se laisser accoster ni détourner par les gens qui, à notre arrivée au bourg, pourraient chercher à les tromper, mais de rester ensemble, chacun à son rang, jusqu'à ce qu'on eût voté. Presque tous les votes furent donnés au même candidat.

D'après Alexis de Tocqueville (1805-1859), philosophe et historien, *Souvenirs*, fin XIXe siècle.

Doc. 3

5. Qui a le droit d'aller voter (Doc. 3) ?

6. Comment les électeurs doivent-ils se ranger ?

7. À quoi vois-tu qu'il s'agit d'un moment important ?

ÉLECTIONS DU 10 DÉCEMBRE 1848	
Suffrages exprimés	**7 327 345**
Louis Napoléon Bonaparte	5 432 226
Cavaignac	1 448 107
Ledru-Rollin	370 119
Raspail	36 920
Lamartine	17 910
Changarnier	4 790
Divers	15 273

Doc. 4

8. Quel(s) candidat(s) porte(nt) un nom connu ?

9. Qui est élu président de la République ?

10. Combien de voix a-t-il obtenues ?

Doc. 5 L'empereur Napoléon III (1852-1870) **(peinture d'Alfred de Dreux, XIXe siècle).**
Après le coup d'État du 2 décembre 1851, Louis Napoléon Bonaparte rétablit l'Empire en 1852. Il devient empereur sous le nom de Napoléon III.

11. Décris l'empereur : sa position, ses vêtements, son allure (Doc. 5).

Doc. 6 L'empereur vaincu le 2 septembre 1870 : « Voici le sabre de mon oncle, tu peux le mettre à ton côté. »
(Napoléon III se rend au roi de Prusse Guillaume Ier, lithographie d'E. Rosambeau, 1870).
Napoléon mène plusieurs guerres victorieuses au début de son règne, mais, en 1870 la guerre contre la Prusse s'achève par une défaite. À Sedan, le 2 septembre, son armée est vaincue et Napoléon III est fait prisonnier par les Prussiens. Il se rend à Guillaume, roi de Prusse. Deux jours plus tard, la République est proclamée à Paris.

12. Où est Napoléon III ?

13. Compare son attitude avec celle qu'il a dans le Doc. 5.

L'héritage politique de la France

Le souvenir et la tradition révolutionnaires

Les révolutions qui ont eu lieu entre la fin du XVIIIe siècle et la fin du XIXe siècle ont laissé de nombreuses traces.

Ce tableau, intitulé « La Liberté guidant le peuple », peint par Eugène Delacroix peu de temps après la révolution de 1830, est devenu le symbole de la révolte du peuple (incarné par un ouvrier, un bourgeois et un jeune garçon) et de la lutte pour la liberté.

La tradition de la révolution et de la barricade persiste à Paris, notamment en mai 1968 lors des manifestations étudiantes devant la Sorbonne.

Le personnage de Gavroche

Gavroche est le type même du gamin de Paris. En 1832, lors d'une émeute, il est sur les barricades.

Il se dressa tout droit, debout, les cheveux au vent, les mains sur les hanches, l'œil fixé sur les gardes nationaux qui tiraient, et il chanta :

« On est laid à Nanterre,
C'est la faute à Voltaire,
Et bête à Palaiseau,
C'est la faute à Rousseau.
[…]

Je ne suis pas notaire,
C'est la faute à Voltaire,
Je suis petit oiseau,
C'est la faute à Rousseau.
[…]

Joie est mon caractère,
C'est la faute à Voltaire,
Misère est mon trousseau,
C'est la faute à Rousseau. »
[…]

Une balle pourtant, mieux ajustée ou plus traître que les autres, finit par atteindre l'enfant feu follet. On vit Gavroche chanceler, puis il s'affaissa. Toute la barricade poussa un cri […]. Gavroche […] éleva ses deux bras en l'air, regarda du côté d'où était venu le coup, et se mit à chanter :

« Je suis tombé par terre,
C'est la faute à Voltaire,
Le nez dans le ruisseau,
C'est la faute à… »

Il n'acheva point. Une seconde balle du même tireur l'arrêta court. Cette fois il s'abattit la face contre le pavé, et ne remua plus. Cette petite grande âme venait de s'envoler.

Victor Hugo, *Les Misérables*, V, I, 15 (1862).

de 1815 à 1871

Le droit de vote

Le suffrage universel masculin est établi en février 1848 par la IIe République, qui ensuite le restreint en 1850. Il est définitivement rétabli par Louis Napoléon Bonaparte en 1852.

	Conditions pour être électeur	Nombre d'électeurs
1817	Payer 300 francs d'impôts	100 000
février 1848	Suffrage universel masculin	9 millions
mai 1850	Suffrage universel masculin, mais il faut avoir habité 3 ans au même endroit	6 millions
1852	Retour aux conditions de février 1848	9 millions
1944	Droit de vote des femmes	25 millions

LEXIQUE

Insurrection : révolte ayant un but politique, révolte contre le pouvoir établi.

Restauration : rétablissement de la monarchie de 1815 à 1830, après la période de la Révolution et de l'Empire.

Suffrage universel : droit de vote pour tous. En France, de 1848 à 1944, le suffrage universel est uniquement masculin.

CARNET DE ROUTE

La restauration de la monarchie

Rentré en France après Waterloo, Louis XVIII (1814-1824), frère de Louis XVI, **rétablit la monarchie** : c'est la **Restauration**. Il accepte de respecter la Charte de 1814, qui garantit un certain nombre de libertés aux Français. À la mort de Louis XVIII en 1824, le nouveau souverain, Charles X, revient à une monarchie plus autoritaire.

Une succession de révolutions

Les Français manifestent leur mécontentement par **une première révolution en juillet 1830**. Ils réclament davantage de libertés (liberté de la presse, liberté de réunion…). Des ouvriers, poussés par la misère, se joignent à eux. Certains souhaitent rétablir la République.

En juillet 1830, le roi Charles X abdique. Son cousin lui succède sous le nom de Louis-Philippe (1830-1848). Mais **en février 1848, une nouvelle révolution éclate**. Louis-Philippe doit abdiquer à son tour. La IIe République est proclamée : elle accorde le **suffrage universel** masculin.

De la République à l'Empire

Suite à la fermeture des Ateliers nationaux où les chômeurs pouvaient recevoir une aide en argent, une **insurrection** éclate à Paris en juin 1848.

Le gouvernement républicain ordonne **la répression qui fait plusieurs milliers de morts**. En décembre 1848, les Français sont appelés, pour la première fois, à élire un président de la République au suffrage universel. Louis Napoléon Bonaparte, neveu de Napoléon Ier, est élu avec 74 % des voix.

Mais le 2 décembre 1851, **il rétablit l'Empire par un coup d'État**. Sous le Second Empire (1852-1870), la France connaît la prospérité économique, elle s'agrandit de Nice et de la Savoie. Cependant, l'Empire s'écroule suite à une défaite militaire face à la Prusse. Le **4 septembre 1870, la République est à nouveau proclamée** mais une nouvelle insurrection éclate en 1871 à Paris : la Commune.

Comment la République

Le 4 septembre 1870, la République est proclamée pour la troisième fois. Après des débuts difficiles dans un contexte de guerre avec la Prusse, la République finit par s'imposer malgré de nombreuses crises.

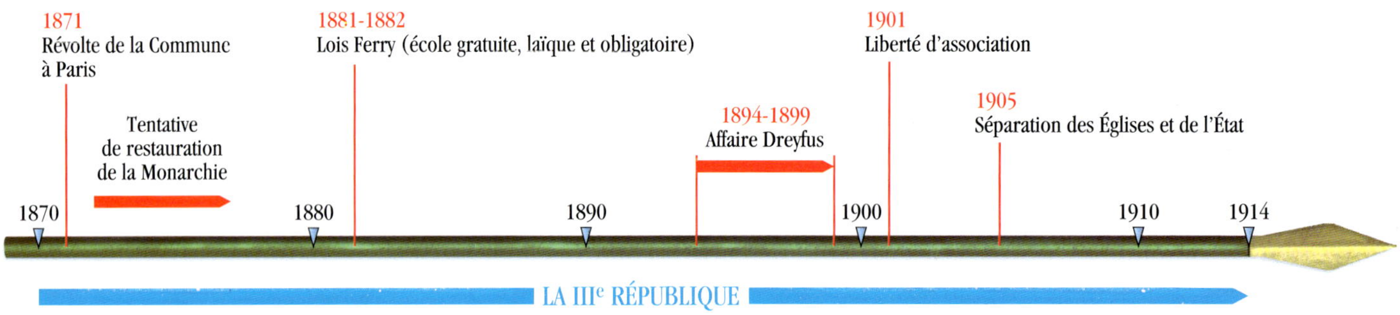

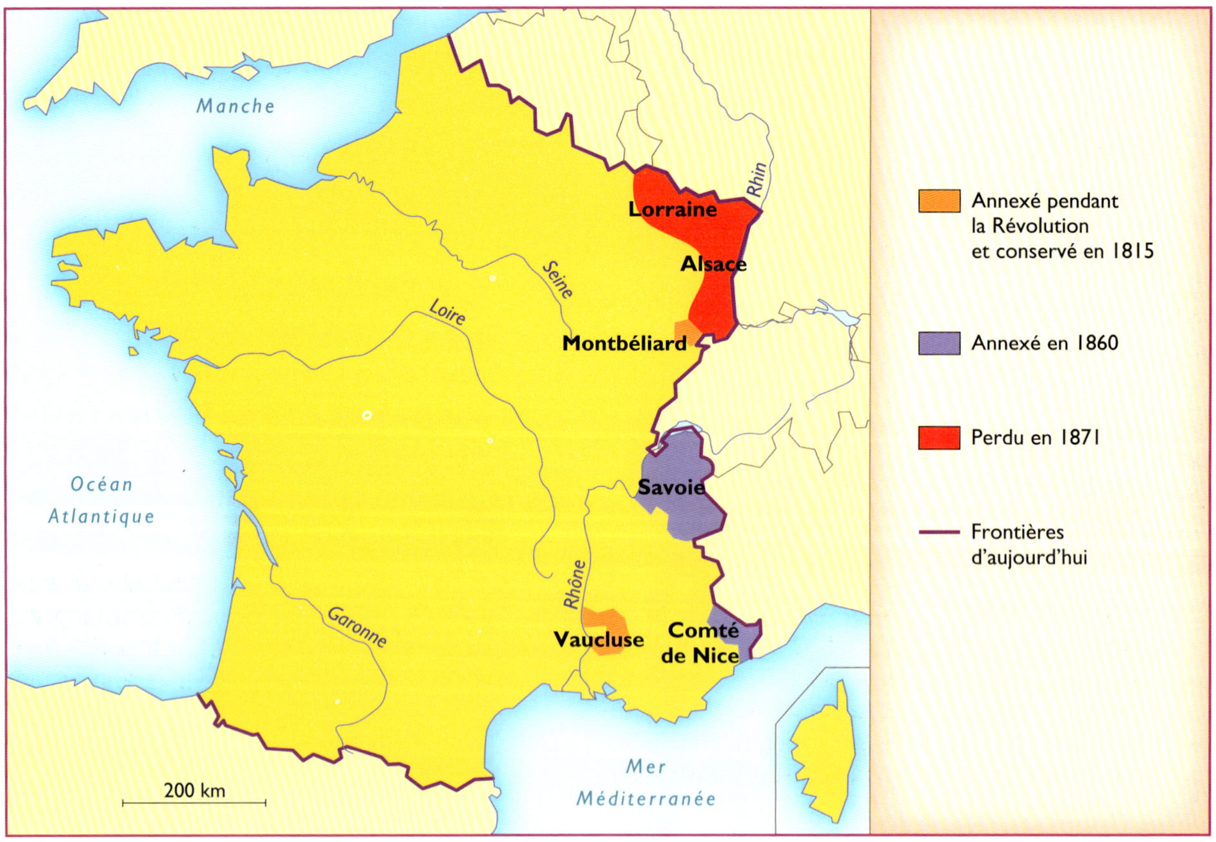

Doc. 1 La France au XIXe siècle.

1. Nomme les provinces perdues par la France en 1871.

2. Recherche quand la France les a récupérées.

s'est-elle consolidée ?

Doc. 2 La proclamation de la République à Paris, le 4 septembre 1870 (peinture de Jules Didier et Jacques Guiaud, 1870).

3. Où la République est-elle proclamée le 4 septembre 1870 ?

4. Pourquoi faut-il proclamer à nouveau la République ?

Adolphe Thiers (1797-1877) est avocat, journaliste et historien. Il est député et ministre sous la monarchie de Juillet, puis député sous le Second Empire. En 1871, il devient chef du premier gouvernement de la IIIe République et dirige à ce titre la répression contre la Commune. Il est favorable à une République modérée.

Léon Gambetta (1838-1882) est un avocat républicain très opposé au Second Empire. Il participe à la défense de la France durant la guerre de 1870 : il quitte Paris en ballon et organise la lutte contre les Prussiens dans le Centre de la France. Il devient chef du gouvernement en 1881.

Doc. 3 Deux fondateurs de la République
(peintures de Léon Joseph Bonnat, XIXe siècle).

5. Quels sont les points communs de ces deux fondateurs de la République (Doc. 3)?

Doc. 4 L'opposition des monarchistes à la République
(« La France faite par ses rois », affiche monarchiste de 1870).
Dans les années 1870 et 1880, une partie des Français reste attachée à la monarchie. Ils soutiennent le comte de Chambord (au centre sur l'affiche), petit-fils du roi Charles X et prétendant au trône.

6. Que peux-tu dire des quatre rois représentés autour du comte de Chambord (Doc. 4) ?

L'Empire colonial français en 1914

Jusqu'à ce que les colonies deviennent indépendantes dans la seconde partie du XXe siècle, l'École enseigne avec fierté les colonies françaises.

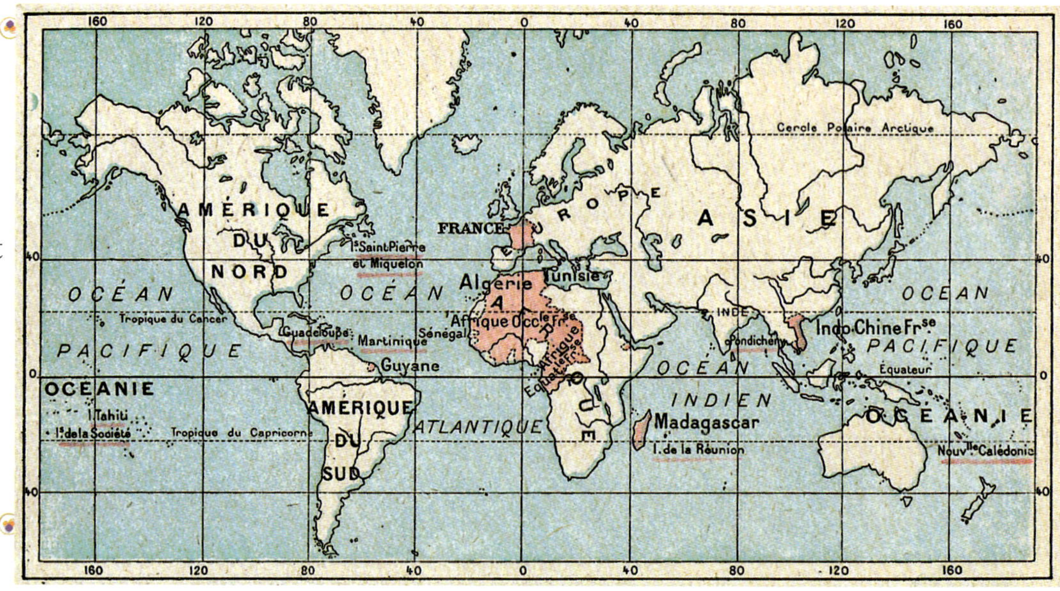

Une carte des colonies françaises publiée dans un manuel scolaire de 1923.

Les symboles de la République

Les symboles actuels de la République sont un héritage de la IIIe République.

Le 14 Juillet, fête nationale depuis 1880 (fête du 14 Juillet place de la République à Paris en 1880, lithographie, fin du XIXe siècle).

Marianne, image de la République depuis les années 1880 (illustration publiée dans « Le Petit Journal » du 21 février 1891).

Le désir de revanche sur l'Allemagne

La France de la IIIe République n'accepte ni la défaite de 1870 contre la Prusse, ni la perte de l'Alsace et de la Moselle. Certains auteurs français entretiennent ce nationalisme et ce désir de revanche.

J'en sais qui croient que la haine s'apaise :
Mais non ! L'oubli n'entre pas dans nos cœurs !
Trop de sol manque à la terre française,
Les conquérants ont été trop vainqueurs !

L'honneur, le rang, on a tout à reprendre…
Je vais rêvant à notre France entière,
Des murs de Metz au clocher de Strasbourg.

D'après Paul Déroulède, *Les Chants du soldat*, 1881.

IIIe République

Le souvenir de la Révolution française

La IIIe République entretient le souvenir de la Révolution de 1789.

Affiche pour la célébration du centenaire de la République française, fin du XIXe siècle.

LEXIQUE

Anarchiste : personne qui ne reconnaît aucune autorité, qui lutte pour la disparition des patrons, de l'État et de ses représentants (policiers, juges, militaires). Les anarchistes sont très influents en France à la fin du XIXe siècle et au début du XXe siècle.

Député : représentant du peuple, élu par le peuple.

République sociale : République qui améliorerait le sort des ouvriers et des pauvres, en obligeant les riches à payer de lourds impôts et en limitant la propriété privée.

CARNET DE ROUTE

La difficile naissance de la République

La IIIe République est proclamée le 4 septembre 1870 alors que la situation militaire de la France est catastrophique. Paris est assiégé par les Prussiens et Léon Gambetta tente d'organiser la défense nationale. La guerre de 1870 se termine par **la défaite de la France et la perte de l'Alsace-Lorraine**, rattachées à la Prusse (future Allemagne).

Après l'écrasement de la Commune (mai 1871) qui visait à établir une sorte de **République sociale**, **de grandes réformes permettent progressivement à une République modérée de s'imposer**.

Les grandes réformes de la IIIe République

D'importantes réformes sont mises en œuvre pendant la IIIe République :

– **les lois de Jules Ferry** (1881-1882) rendent l'enseignement primaire gratuit, obligatoire et laïque, c'est-à-dire neutre du point de vue de la religion ;

– la République est **démocratique** : une assemblée de **députés** élus au suffrage universel masculin vote les lois et le gouvernement est responsable devant cette assemblée ;

– **les libertés** sont garanties et consolidées : liberté de la presse, de réunion, de culte, d'association ;

– **la séparation des Églises et de l'État** est instaurée en 1905 ;

– à l'occasion de l'affaire Dreyfus, **les principes de défense des droits de l'homme** sont nettement affirmés, notamment par des écrivains.

Une République encore fragile

La jeune République reste néanmoins fragile : elle est combattue par **les partisans de la royauté** et par les **anarchistes** qui organisent des attentats. Beaucoup d'ouvriers voient dans la République un régime bourgeois et veulent des réformes sociales comme la journée de travail de 8 heures.

Enfin, le souvenir de la défaite de 1870 entretient un désir de revanche contre l'Allemagne. Cette revanche ne peut passer que par la guerre.

Je découvre le mouvement impressionniste

Dans les années 1870, un groupe de peintres (Claude Monet, Auguste Renoir, Edgar Degas, Jean-François Millet…) décident de peindre d'une manière différente. Ils souhaitent traduire dans leurs toiles les impressions produites par la lumière, les nuances, les ombres et les couleurs.
Contrairement aux artistes des époques précédentes, ils sortent des ateliers et peignent la nature ou des scènes de vie : Monet (1840-1926) peint des gares, des ponts, des voies de chemin de fer et des usines ; Millet (1814-1875) des hommes et des femmes aux champs. Ils font également varier les formats des toiles en fonction des sujets peints, ou encore abandonnent les dessins aux contours nets pour des contours flous. Ce nouveau courant artistique s'appelle « l'impressionnisme ».

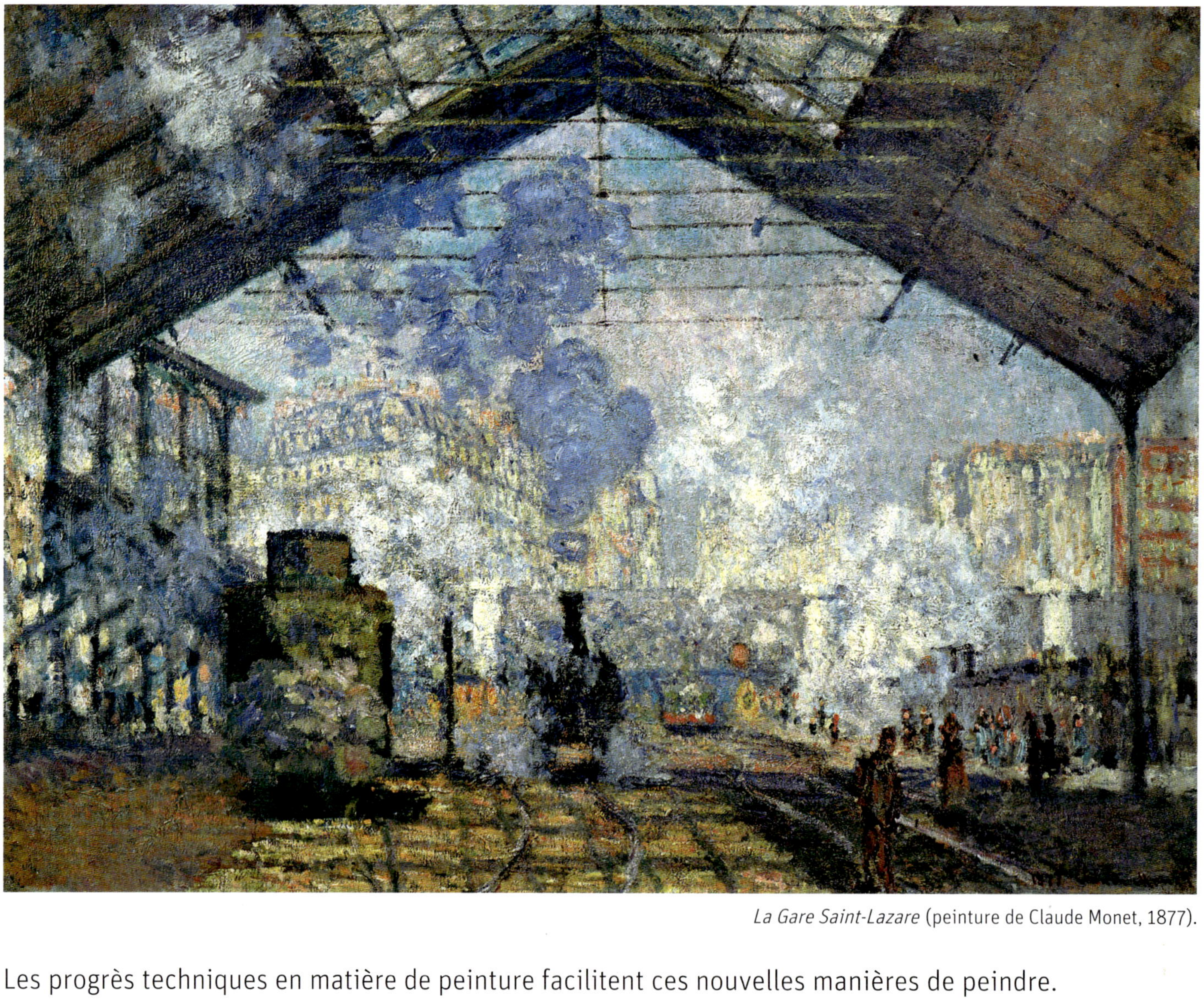

La Gare Saint-Lazare (peinture de Claude Monet, 1877).

Les progrès techniques en matière de peinture facilitent ces nouvelles manières de peindre.
En effet, vers 1840, les tubes d'étain remplacent les vessies de porc qui servaient à conserver les couleurs à l'huile. Les artistes n'ont plus à fabriquer eux-mêmes leurs mélanges de pigments, d'huile et de solvants : les mélanges sont prêts à l'emploi et plus faciles à transporter à l'extérieur.

J'OBSERVE UN TABLEAU IMPRESSIONNISTE

La Balançoire (peinture d'Auguste Renoir, 1876).

La scène représentée

Dans ce tableau, Pierre Auguste Renoir (1841-1919) semble surprendre une conversation entre un homme, représenté de dos, et une jeune femme, debout sur une balançoire. Une fillette et un autre homme appuyé contre le tronc d'un arbre les écoutent. Ce tableau évoque une photographie instantanée. Les personnages peints au fond sont flous, à peine esquissés. Il se dégage une atmosphère d'insouciance et de légèreté.

La technique utilisée

Renoir n'a pas appliqué la couleur en couches lisses et uniformes mais par petites touches, les unes à côté des autres. La lumière qui passe par les feuilles des arbres est traduite par des touches plus claires sur le costume de l'homme et la robe de la femme. La forme et le volume de la robe de la femme sont obtenus par les touches de couleurs différentes, et non pas par un contour net ni même par un dessin préparatoire.

JE PEINS À LA MANIÈRE D'UN IMPRESSIONNISTE

La mairie organise une grande exposition sur les arbres de la commune. Votre classe a été sélectionnée pour y participer. Chacun d'entre vous va peindre un arbre de la cour. Vous ferez alors le même travail que Claude Monet, qui a peint plus de trente fois la cathédrale de Rouen. Emporte ton matériel et ta chaise, choisis un arbre qui te semble avoir une forme intéressante à peindre.

Matériel

- Une planche en bois ou en carton (format A3)
- Une pince à dessin ou deux pinces à linge
- Une feuille blanche de papier fort (format A3)
- Des tubes de peinture (pas de noir)
- Deux brosses : une fine et une moyenne

Pour peindre ton arbre :

1. Utilise les couleurs qui sont à ta disposition pour traduire au mieux les impressions que tu ressens.
2. N'oublie pas que, comme les impressionnistes, tu dois utiliser tes couleurs par petites touches superposées.

LES DATES CLÉS

1780 | 1790 | 1800 | 1810 | 1820 | 1830 | 1840

14 juillet 1789
Prise de la Bastille

8 et 9 novembre 1799
Coup d'État du 18 brumaire

1830
Révolution de Juillet

1848
Révolution à Paris

2 décembre 1804
Napoléon Bonaparte sacré empereur

22 septembre 1792
Début de la République

1830
Prise d'Alger

MONARCHIE | **Ire RÉPUBLIQUE** | **PREMIER EMPIRE** | **RESTAURATION** | **MONARCHIE DE JUILLET** | **R**

2 décembre 1805
Victoire d'Austerlitz

1815
Défaite de Waterloo et traité de Paris

Guerres de la Révolution et de l'Empire

1832
Première voie ferrée en France

1841
Limitation du temps de travail en France

1793-1794
La Terreur

26 août 1789
Déclaration des droits de l'homme et du citoyen

1804
Code civil

1848
Suffrage universel masculin et abolition de l'esclavage

DU XIXe SIÈCLE

1860 1870 1880 1890 1900 1910 1914

décembre 1851
Coup d'État

1871
La Commune

Août 1914
Début de la Première Guerre mondiale

LE TEMPS DE L'INDUSTRIE

COLONISATION FRANÇAISE ET EUROPÉENNE

1867
Début de la conquête de l'Indochine

SECOND EMPIRE

IIIe RÉPUBLIQUE

1894-1899
Affaire Dreyfus

1864
Droit de grève en France

1884
Droit de se syndiquer en France

1905
Séparation des Églises et de l'État

1881-1882
École gratuite, laïque et obligatoire en France

Petit dictionnaire du XIXe siècle

A

Abdiquer : le fait, pour un roi ou un empereur, d'abandonner volontairement le pouvoir.

Anarchiste : personne qui ne reconnaît aucune autorité, qui lutte pour la disparition des patrons, de l'État et de ses représentants (policiers, juges, militaires). Les anarchistes sont très influents en France à la fin du XIXe siècle et au début du XXe siècle.

Ancien Régime : organisation de l'économie, de la société et de la vie politique de la France avant 1789.

C

Censure : examen de livres ou de journaux par un pouvoir qui peut autoriser ou interdire leur publication.

Coalition : association de différents États (ou individus) contre un ennemi commun.

Code civil : recueil de lois qui réglementent les relations entre les individus. Il est parfois appelé « Code Napoléon ».

Colonie : pays conquis, exploité et dirigé par un autre pays, plus puissant.

Concordat : traité signé entre le pape et un État afin de préciser l'organisation de la religion catholique dans cet État.

Constitution : textes fondamentaux qui fixent les règles du gouvernement d'un pays.

Consulat : régime politique mis en place par Napoléon Bonaparte après un coup d'État. Il dure de 1800 à 1804.

Coup d'État : prise du pouvoir illégale et par la force.

D

Député : représentant du peuple, élu par le peuple.

E

Émigrer : quitter son pays natal pour s'installer durablement dans un autre. On appelle **émigrants** ceux qui quittent leur pays et **immigrants** ceux qui arrivent dans un autre pays.

Empire : régime politique mis en place par Napoléon Bonaparte lors de son couronnement en 1804. Il devient empereur des Français sous le nom de Napoléon Ier.

Épargne : économie d'argent, argent mis de côté. Les épargnants peuvent déposer leur argent dans une banque ou participer à une entreprise et en retirer un profit.

Espérance de vie : durée moyenne de vie à un moment donné.

États généraux : réunion des représentants des trois ordres du royaume : le clergé, la noblesse et les représentants du peuple (le tiers état).

Exode rural : départ des habitants des campagnes vers les villes.

G

Grande Armée : nom donné à l'armée de Napoléon Ier à partir de 1805. Elle est formée de troupes françaises et de troupes italiennes et allemandes venant de territoires conquis par la France. L'encadrement est assuré par des officiers qui sont souvent d'anciens soldats « sortis du rang ».

I

Indigène : celui qui est né dans le pays dont on parle.

Insurrection : révolte ayant un but politique, révolte contre le pouvoir établi.

L

Lois sociales : lois qui améliorent la situation des travailleurs, par exemple, la limitation du travail des enfants ou la limitation du temps de travail.

M

Machine à vapeur : machine qui fournit de l'énergie et du mouvement. Par la combustion du charbon, l'eau chauffe et se transforme en de la vapeur qui actionne un piston, un balancier, puis un volant ou une roue.

Métropole : du grec *polis* qui signifie « cité ». Nation mère, pays qui a conquis une colonie.

Missionnaire : personne qui cherche à convertir à sa religion des populations qui l'ignorent.

Monarchie absolue : monarchie où le roi exerce un pouvoir sans limites.

N

Nation : ensemble de personnes qui ont en commun une histoire, une langue, une culture et qui ont envie de vivre ensemble.

P

Philanthrope : du grec *philanthropos* qui signifie « ami des hommes ».

R

Radium : métal radioactif.

République sociale : République qui améliorerait le sort des ouvriers et des pauvres, en obligeant les riches à payer de lourds impôts et en limitant la propriété privée.

Restauration : rétablissement de la monarchie de 1815 à 1830, après la période de la Révolution et de l'Empire.

S

Socialisme : ensemble d'idées hostiles à une société qui repose sur la propriété privée des usines. Le socialisme, au XIXe siècle, est favorable à une révolution et veut créer une société sans propriété privée des usines, des mines, des banques et des grandes exploitations agricoles.

Suffrage universel : droit de vote pour tous. En France, de 1848 à 1944, le suffrage universel est uniquement masculin.

Syndicat : association de personnes d'une même profession qui se regroupent pour défendre leurs intérêts.

Crédits photographiques

Achevé d'imprimer en Espagne par CAYFOSA
Dépôt légal: 03/2011 - Collection n°74 - Edition n°5
11/7433/3